やってはいけない暗記術

石井貴士

きずな出版

はじめに——

やってはいけない！

「生まれつき暗記が苦手だ」と決めつけている

これで天才に！

暗記は、後天的に身につけるスキルだと思っている

「生まれつき、暗記が苦手なんです」

こう嘆《なげ》いている方は、とても多いです。

あなたもその一人かもしれません。


では、お伺いします。

あなたは「記憶のメカニズム」について、学んだことはありますか？

そう聞くと、ほとんどの人は「いや、記憶については勉強したことがない」と

答えます。

記憶法について学んだことがないにもかかわらず、勝手に「自分は暗記が苦手だ」と決めつけているわけです。

ビデオデッキのリモコンの説明書を一度も開いたことがないのに、「ビデオのリモコンの操作ができない」と言っている人がいます。

説明書を見たこともないのであれば、できなくて当たり前です。

同様に、暗記の方法についても、学んだことがないのであれば、できなくて当たり前です。

暗記が得意になるかどうかの分かれ道は、生まれつきの才能ではありません。後天的に暗記術を身につけたかどうか。ただ、それだけなのです。

自分に合った暗記術を探そうとせず、「やってはいけない暗記術」を探す

「暗記の方法は人それぞれだ。合う、合わないがあるはずだ」という人がいます。

違います。

暗記に合う、合わないはありません。

正しい「記憶のメカニズム」が存在し、その方法論にあなたが合わせようとするか、合わせようとしないか、だけです。

「赤信号で止まるのは、私には合わない。私は赤信号でもわたりたいタイプなんです」という人がいたら、まわりの人が困ります。

「効率的に暗記をする方法は、私には合わない。私は非効率な勉強がしたいタイ

プなんです」という人がいても、まわりの人は困らないので、誰も止めようとしないというだけです。

誰も止めないからといって、いままでの方法論のまま突き進んでいる人が、どれだけ多いことでしょうか。

「あなただけに合った暗記術」というのは、存在しません。

本来、暗記術はすべての人にとって効果的なものだからです。

ただ、マスターするまでにかかる所用時間に個人差があり、遅い人もいれば、早い人もいるというだけです。

では、暗記術をマスターするのに、なぜ時間がかかってしまうのでしょうか。

それは「どこかに正しい暗記術があるのではないか?」と、たったひとつの正解を探しまわっているからです。

正しい暗記術を探すのではなく、「やってはいけない暗記術」を知ることが、暗記術をマスターする第一歩なのです。

やってはいけない暗記術を知ることで、正しい暗記術がわかる

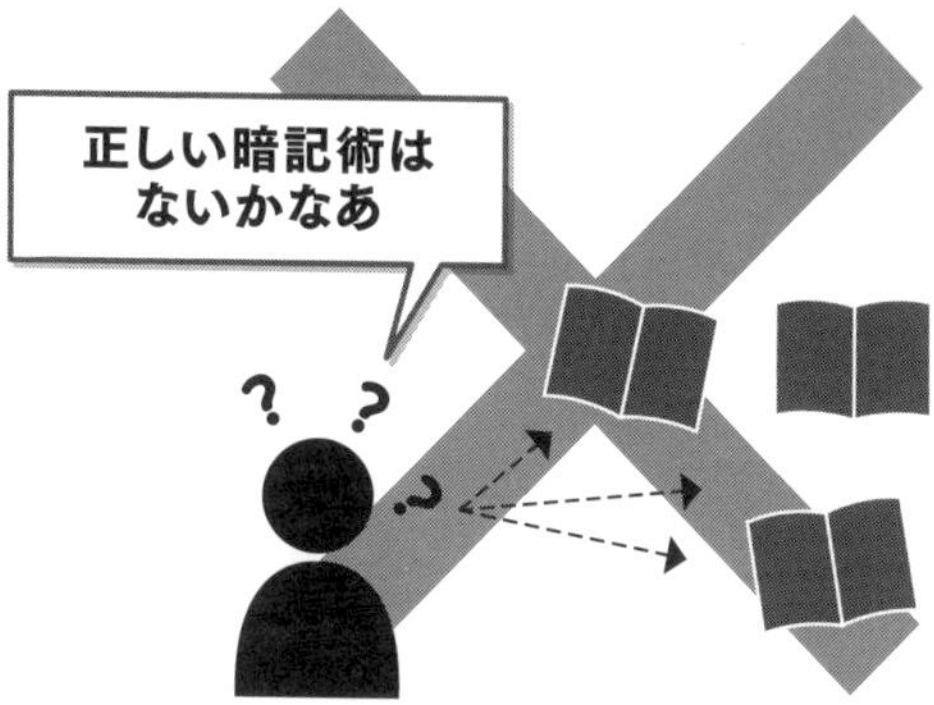

まちがった暗記術を捨てよう!

「まわりの人はどうやって暗記をしているのか」は考えず、「天才はどうやって暗記をしているのか」と考える

「私は暗記が上手ではない。ほかの人はどうやっているんだろう」と、まわりを見渡す人がいます。

これは、やってはいけません。

あなたのまわりというのは、所詮、同じクラスの、同じくらいの成績の人だったりするからです。

凡人が何をしているのかをいくら研究しても、意味がありません。

そうではなく、天才はどうやって暗記をしているのかを研究して、同じことをすることにこそ意味があるのです。

高校1年生のときに、高3、高卒生向けの模試を受けて、全国トップ10に入っ

ている天才のクラスメイトがいました。

高校1年生の時点で東大を受けても合格すると言われ、学校が始まって以来の天才と呼ばれていた男が、私の隣の席に座っていたのです。

彼は、教科書をパラパラ見ただけで「覚えた！」と言っていました。

ほかのクラスメイトは、「さすが天才だ。自分とは違う。僕にはできない」と言っていました。

そんななか、私は「**天才も私も同じ人間だ。ならば、天才と同じやり方をマスターすれば、同じ結果が手に入るに違いない**」と考えました。

彼にどうやっているのかを聞いて、それと同じことをしたら、同じ結果が手に入ると考えたのです。

凡人を真似するのではなく、天才を真似することで、暗記術はマスターできるのです。

天才と同じ方法で暗記すれば、あなたも天才になれる

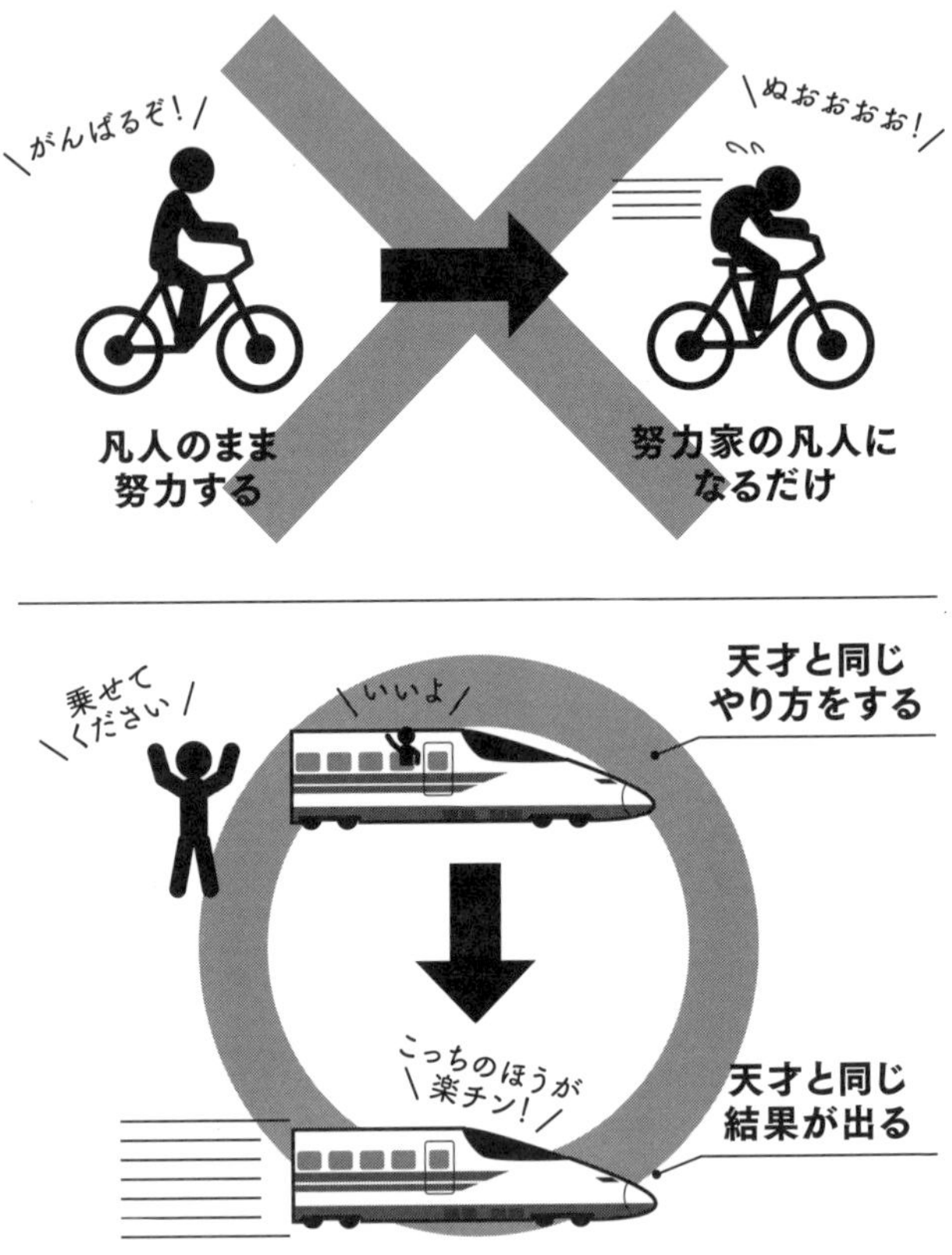

天才と同じやり方で、天才と同じ結果を手に入れよう!

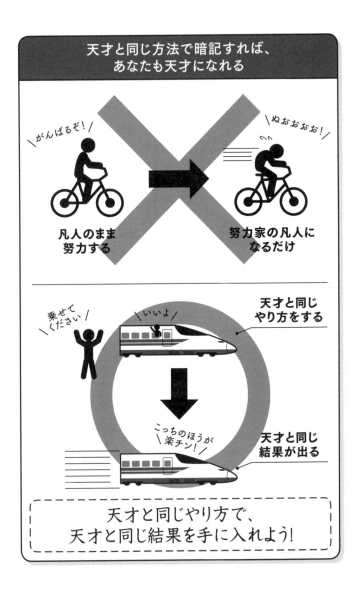

天才は、凡人とは逆のことをする

「天才とは、凡人と同じことを、凡人よりも上手にやっている人だ」と思っている人がいます。

違います。

天才は、凡人とは逆のことをする人です。

株式投資の天才であるウォーレン・バフェットも、株式市場でほとんどの人がパニックになって株を売っているときに、逆にコカ・コーラの株を買い、大株主になりました。

「99人が右であっても、一人左へ進んだ人が成功する。これは歴史的事実である」（岡出元博：経営コンサルタント）という言葉もありますが、逆の道へ進んだ人が、成功を手にするのです。

ここで、「逆を考えるのはわかった。でも、暗記においては誰を参考にすればいいの？」と思った人もいるでしょう。

参考にすべきは「競技かるたの選手」です。

競技かるたの選手は、１００枚ある百人一首の上の句、下の句を暗記しているのが当然です。

試合のときには、相手の陣地に25枚、自分の陣地に25枚の札を置き、札の配置をすべて短時間で暗記します。これくらいは、朝飯前です。

では彼らは何に困っているのかというと、「1時間前の試合の札の配置が、忘れられない」ということに困っているのです。

「忘れることに失敗して、前の試合と同じ場所にある札を取ってしまう」ということに、困っているわけです。

凡人も天才も人間である以上、必ず失敗をします。

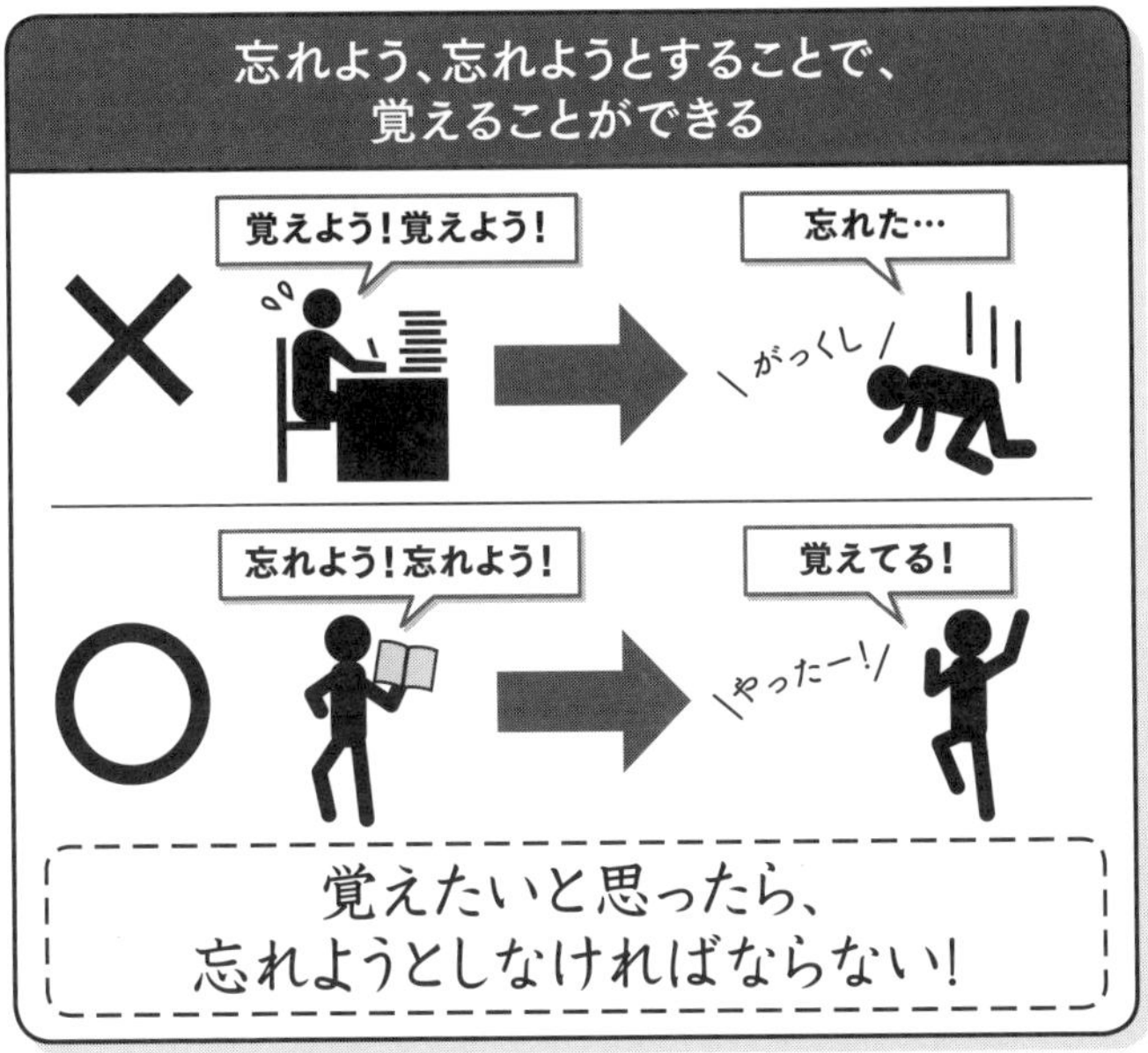

凡人は「覚えよう覚えよう」として、それを失敗して、忘れます。天才は「忘れよう忘れよう」として、それを失敗して、覚えているのです。

そもそも、暗記が苦手な人の特徴は、全員が「覚えようとしている」ということです。だから失敗して、すぐに忘れてしまうのです。

あなたが求めているのは、「暗記している」という状態のはずです。ならば、「忘れよう忘れよう」として、失敗して、覚えている状態をつくり出せばいいのです。

高1のときの天才のクラスメイトは、「別に覚えようとは思っていないんだけど、パラパラ教科書をめくっているだけで、なぜか覚えちゃうんだよね」と言っていました。

彼は教科書を一切覚えようとはしていなかったから、覚えられたのです。

忘れようとすれば、失敗して、覚えられる。

これが、天才に見えている世界なのです。

あなたは、覚えたいと思って教科書をじっくり読んだりしていませんでしたか？　だから、覚えられなかったのです。

覚えたいと思ったら、覚えたいと思ってはいけない。

忘れようとすれば、失敗して、覚えられる。

これが、暗記の極意です。

多くの人は、やってはいけない暗記術をしています。

覚えようとしている時点で、やってはいけない暗記術をしてしまっているということなのです。

この本は、暗記が苦手なあなたを、暗記の天才にするために書きました。

やってはいけない暗記術を一切しなくなれば、あなたは暗記の天才に生まれ変わることができるのです。

石井　貴士

はじめに—

第一章

記憶のメカニズムを知れば、「やってはいけない暗記術」に手を出さなくなる

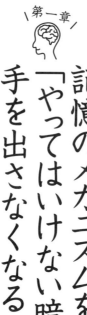

第二章

暗記に関する古い常識、新しい常識

第三章

やってはいけない「ジャンル別」暗記術

第四章
右脳をあやつる超・暗記術

第五章

サンドイッチ記憶法で、短期記憶を長期記憶に定着させる

第六章

本番で必ず結果を出す！「ピークコントロール」暗記術

ブックデザイン　池上幸一

第一章

記憶のメカニズムを知れば、「やってはいけない暗記術」に手を出さなくなる

暗記術 その1

やってはいけない！

いきなり暗記しようとする

これで天才に！

記憶のメカニズムを知ってから、暗記しようとする

「よし、暗記をするぞ」と、いきなり暗記をしようとする人がいます。

ダメです。

その前に記憶のメカニズムを知って、暗記の天才になってから暗記をすれば、効率は上がります。

① 記憶のメカニズムを知る

② 暗記をする

というのが、正しい順番です。

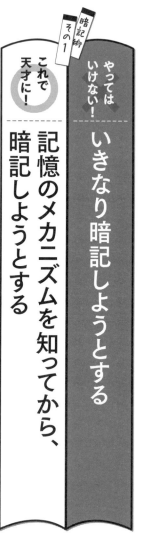

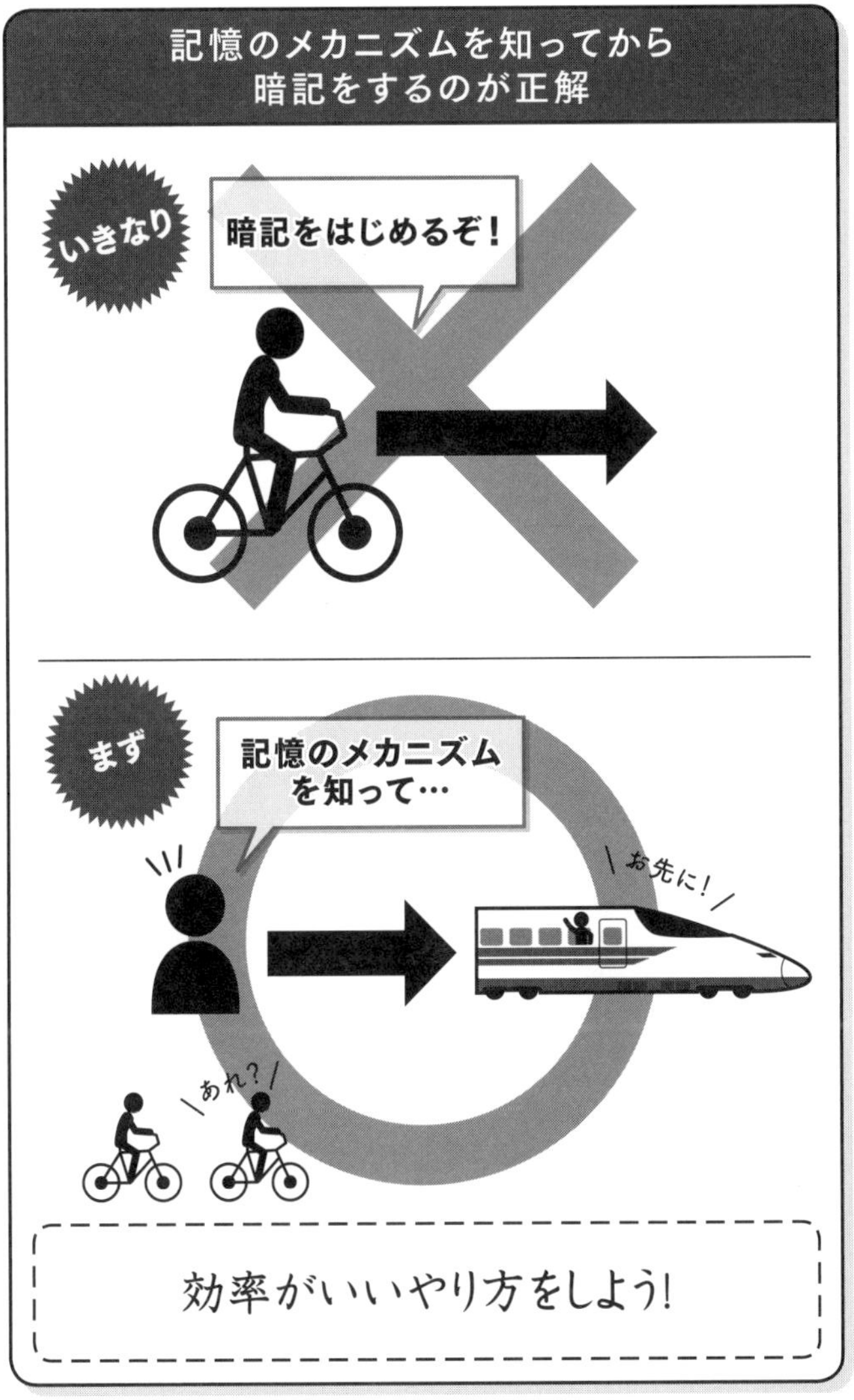
記憶のメカニズムを知ってから
暗記をするのが正解
いきなり
暗記をはじめるぞ！
まず
記憶のメカニズム
を知って…
お先に！
あれ？
効率がいいやり方をしよう！

もちろん「明日が試験だ」というのであれば、いきなり暗記をしなければいけません。

ですが、そうではない場合は、まず記憶のメカニズムを知ることが大切です。にもかかわらず、毎日、何も考えずいきなり暗記をしている人がどれだけ多いことでしょうか。

記憶のメカニズムを知り、記憶のメカニズムにのっとった暗記をすることで、暗記は最もはかどります。

勉強も同じです。

いきなり勉強を始めるのではなく、勉強法を知ってから勉強することで、効率が最大化されます。

まずあなたがすべきことは、暗記をすることではなく、記憶のメカニズムを知ることなのです。

暗記術 その2

やってはいけない！

「あわよくば暗記できればなあ」と思っている

これで天才に！

「本気で重要だ」と心の底から思っている

「生まれつき記憶力には自信がなくて」という方も多いでしょう。

ですが「生まれつきの記憶力」というものが存在するのであれば、記憶力がいい人は、どうでもいいことに関しても永遠に覚えていることになります。

記憶力がどれだけよかったとしても、どうでもいいことは忘れます。

「3年前の○月○日の夕ご飯は何だったか？」と聞かれても、覚えている人はまずいません。でも、毎日夕食のレシピをブログで公開しているレシピ研究家の方であれば、覚えている可能性はあります。

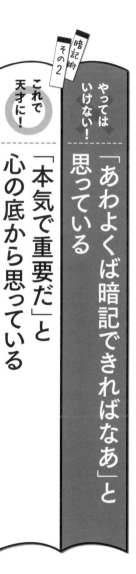

そう、人は「本気で重要だと思ったことに関しては忘れない」という特徴があるのです。

あなたは、自分の携帯電話の番号を覚えているはずです。本気で重要だと思ったから、覚えているのです。

小学生のときには、好きな女の子の誕生日は覚えていたかもしれませんが、とくに親しくもない友達の誕生日は覚えていなかったはずです。

「人の名前が覚えられない」という人がいます。本気で好きな人の名前なら覚えますが、本気で好きではない人の名前は覚えられません。

本気で恐竜が好きなのであれば、恐竜の名前は覚えます。ポケモンの名前も、妖怪ウォッチの妖怪の名前も、本気で好きなら覚えられますし、好きではないのであれば、覚えられません。

暗記が苦手な人の特徴は、「あわよくば覚えられたらなあ」くらいに思っていることです。脳は、本気で重要だと思ったことは忘れないようにできています。「これは重要だ」と脳が本気で認識して初めて、暗記ができるようになるのです。

本気で重要だと思ったことは忘れない

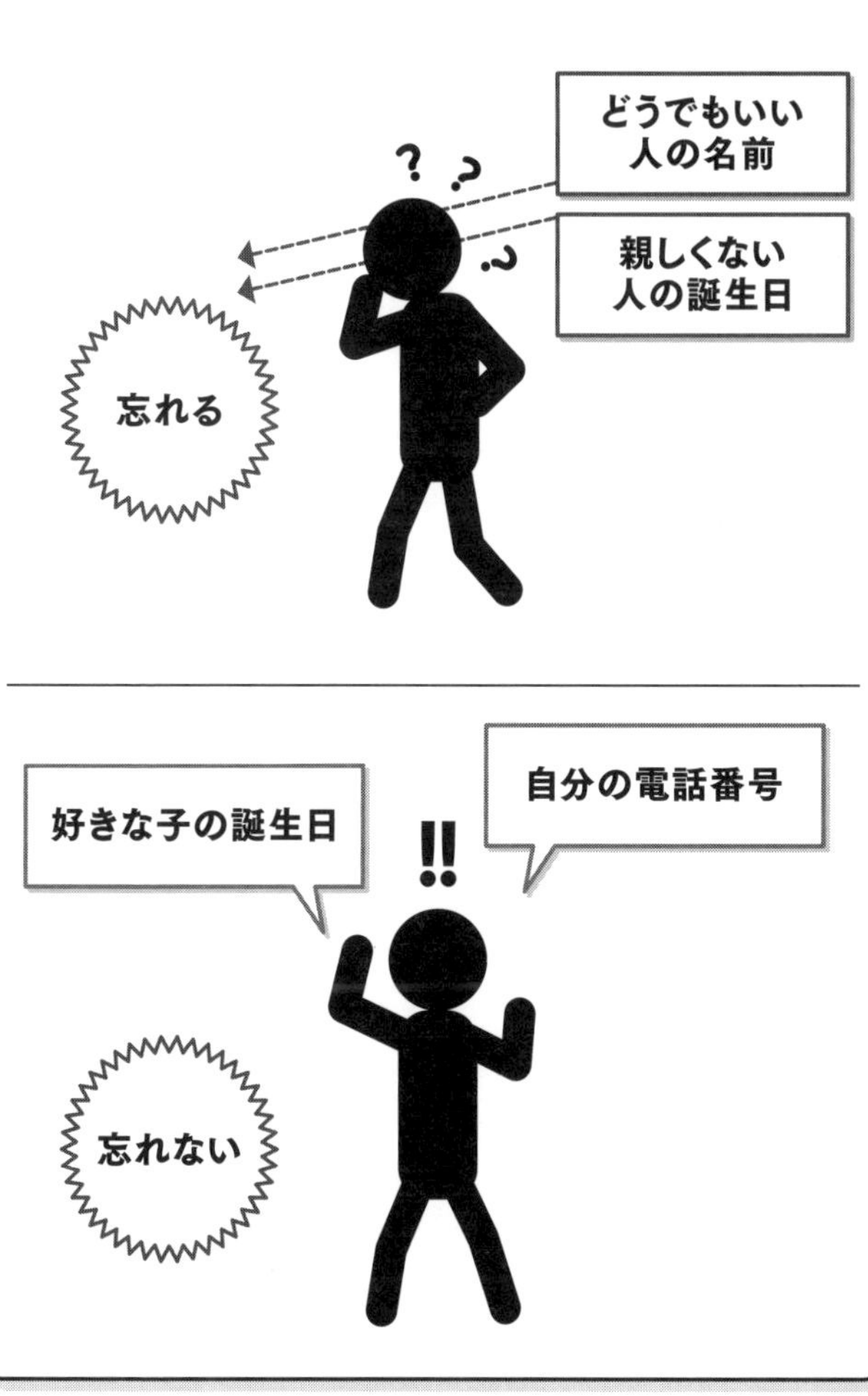

暗記術 その3

やってはいけない!

仕方がなく暗記をする

これで天才に!

「自分の人生がかかっている」と思って暗記をする

「勉強か、仕方がないからやるか」と思っていたら、覚えられません。
脳は本気で大切だと思ったことは忘れませんが、どうでもいいと思ったことはすぐに忘れるようにできているからです。

車のナンバーでも、ただあなたの前を走っている車であればナンバーを覚えることはありません。

ですが、いきなりぶつかってきて逃げた車があなたの前を走っていたら、その

ナンバーは一瞬で暗記することができるはずです。

脳が「重要である」と判定したからです。

「別に試験に合格したって、人生は変わらないよな」と思っていたら、受験勉強においては、暗記することができなくなります。

「試験に合格したら、モテモテになれて、お金持ちになって、バラ色の人生が待っている」と本気で思えば、暗記することができます。

「別に、大学受験だけが人生ではないよね」

「こんなことを覚えたって、社会に出てから使うことはないんだよなあ」

こう思っている人は、暗記できないのは当然です。

「ガリ勉と言われるのは嫌だ」という人がいますが、受験生はガリ勉が当たり前です。

暗記力を高めるためには、「自分の人生がかかっているんだ」と本気で思い込むことが大切なのです。

「司法試験に受かっても、意味ないよなあ」と考えていたら、六法全書は暗記できません。

「司法試験に合格することが人生のすべてだ」と思っていたら、当然のように暗記がはかどります。

自分の人生がかかっていると本気で思えたことに関してのみ、人は、暗記の天才になれるのです。

暗記術 その4

やってはいけない！

暗記が得意な人は、なんでも暗記できると思っている

これで天才に！

どんな人でも、本気のときだけ暗記できると思っている

以前、「石井先生は暗記に自信があるのだったら、司法試験に合格してみてください」と言ってきた人がいました。

ですが、「いまさら司法試験に受かっても、意味がない」と思っているので、無理な話です。

「いまから東大に行け」と言われても、「もう一度大学受験をしても、これっぽっちも意味がない」と思っているので、さっぱり暗記できません。

「公認会計士試験を受けてください」と言われても、すでに公認会計士の知り合いがいて、その人に会計を任せているので、興味がありません。
本気でないことに関しては、脳は忘れるようにできています。
生まれたときから、いままでにすれ違ったすべての人の洋服の柄を覚えている人はいません。いままで食べたパンの数を覚えている人も、いないのです。

競馬で「このレースで負ければ人生はおしまいだ」と思って全財産を賭けたとしたら、レース中に自分が賭けている馬の名前は忘れないはずです。
本気で「ハリ治療家になる」と思えば、ツボの名前は忘れませんし、「外科医になる」と決めたら臓器の名前は忘れません。「腎臓《じんぞう》と膵臓《すいぞう》って、どう違うんだっけ？」というお医者さんはいません。

暗記ができないとしたら、あなたに足りないのは、記憶力ではなく「本気度」です。

「本気の本気で重要なんだ」と、潜在意識から100％信じ込むことができれば、暗記ができるようになるのです。

暗記術 その5

やってはいけない！
100のことに、1％ずつ力を注いでいる

これで天才に！
残りの99％を捨て、1％のことに100の力を注いでいる

『エッセンシャル思考』（グレッグ・マキューン著／かんき出版）という本に、「残りの99％を捨て、1％に集中する人が成功する」とあります。

暗記もその通りです。

「いかに、ほかのことを捨てられるか？」で、暗記ができるのです。

あなたが「大学受験のために暗記がしたい」と本気で思ったら、大学受験以外の99％のことを捨てる必要があります。

恋愛は当然NGです。

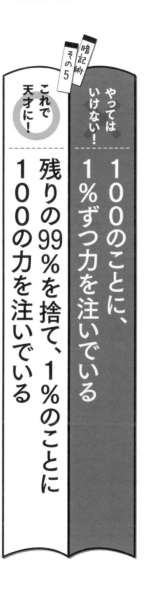

好きな異性とＬＩＮＥをしている時間があったら、英単語を覚えます。

デートをしている時間があったら、世界史を覚えます。

友達をつくるのも、時間の無駄です。

電話をしたら、平気で30分時間が無駄になってしまいます。

恋愛もしたい、友達とも遊びたい、テレビも見たい、音楽も聴きたい、洋服も買いたい、遊園地も行きたいと思っているとしたら、１％ずつ、１００のことに力を注いでいることになります。

これではダメです。


受験勉強と決めたら、それ以外の99％はすべて捨てる。

司法試験に受かると決めたら、それ以外の99％はすべて捨てる。

そうすると、脳が「本気なんだな」と判定して、そのことに関して暗記ができるようになるのです。

暗記術 その6

やってはいけない！

勉強をしているときは、恋愛をしてもいいと思っている

これで天才に！

勉強をしているときは、恋愛はしないと決めている

私は浪人時代、**「女性とひと言も口利かない計画」**と名付けた計画を実行していました。

祖母・母親・妹以外の女性とは口を利かないようにしていたのです。

もし少しでも話をしてしまって、好きになってしまったら、勉強をする時間が削られてしまうからです。

結局1年間で、「この席空いてますか？」と自習室で聞いたことと、「傘、忘れ

ましたよ！」と電車から降りる女性に声をかけた2回以外は、女性とは口を利きませんでした。

傘を忘れた女性に関しては、一瞬「ルールを守るべきか？」と躊躇《ちゅうちょ》しましたが、さすがに高そうな傘だったので声をかけました。もし、ビニール傘だったら、声をかけていなかったかもしれません。

「それって人間として、どうなんですか？」と訝《いぶか》しがる人もいるかもしれませんが、「人間として」と考えている時点で、ほかの99％を捨てられていないということです。

「人間として大切なことがあったとしても、それよりも勉強をとる」という人が、暗記ができるようになる人なのです。

暗記術 その7

やってはいけない！ 自分のことを人間だと思っている

これで天才に！ 自分のことを妖怪人間だと思っている

私は受験時代、「自分は人間ではない」と思っていました。

「人間ではなく、妖怪人間なんだ。ベム・ベラ・ベロなんだ」と思って、ほかの99％を捨てていました。

髪の毛がボサボサでも平気、毎日同じ服でも平気、電車のなかでブツブツ英単語を呟《つぶや》いて変な顔をされても、「もうどうせ、2度と会わない人だ」と無視していました。

「外界シャットアウト計画」と呼んで、受験以外のものをすべてシャットアウトする計画を実行していました。

とくに大切にしていたのは、「チャイムが鳴っても出ない」ということでした。家のチャイムが鳴って、いちいち出ていたら、集中が途切れます。ほとんどの場合は宅配の人なので、再配達してもらえばいいだけ。だから１００％無視していました。

「友達から電話がかかってきても、いないと言って切ってくれ」と母親に伝えていましたので、電話にも出ませんでした。

家族から電話がかかってきたとしても、「貴士は出ないものだ」と家族は知っていたので、怒られることもありませんでした。

テレビも見ない、ラジオも聞かない、音楽も聞かないは当然です。

洋服も一度も買いに行きませんでしたし、「気晴らしに遊園地に行こう」と誘われても、断りました。

私にとっては、英語の気晴らしは世界史であり、世界史の気晴らしは英語だったからです。

12月31日の24時に「年越しそばを食べろ。縁起ものだから」と言われても、問題を解いている途中だったので、食べませんでした。

このくらいに徹底的に外界をシャットアウトして初めて、99%を捨て、1%に集中することができたと言えます。

いま「司法試験を受けろ」と言われても、いま「もう一度東大を受けろ」と言われても私ができないのは、これほど本気にはなれないからです。

あなたは暗記ができない人ではありません。

100のことに1%ずつ労力を注いでいるから、脳が、暗記しようとしていることに対して「本気だ」と判定しないというだけです。

暗記したい分野に関して本気になれば、あなたも暗記ができるようになるのです。

暗記術 その8

やってはいけない！

一発で暗記することが素晴らしいと思い込んでいる

これで天才に！

何回も復習して暗記することが素晴らしいと思っている

「天才は一発でなんでも覚えてしまう。それにひきかえ私は……」と落ち込んでいる人がいます。

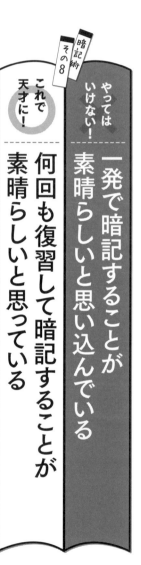

確かに天才は、その物事に関して一発で覚えているように見えるかもしれません。ですが、いかに天才だとしても、復習をしなければ脳が「重要ではない」と判定して、忘れていきます。

「一発で暗記をすることは素晴らしい」という考えは、捨てましょう。

「1回で暗記しようが、3回で暗記しようが、どのみち20回以上復習をするのだから、何回目で暗記をしたかどうかはどうでもいい」と考えてください。

「この事項に関しては一発で覚えたぞ。でも、この事項は覚えるのに5回かかってしまった」と一喜一憂している時間がもったいないです。

脳は、復習の回数が多ければ多いほど「重要だ」と判定します。

「犬」という言葉を3歳のときに覚えて、いまでも覚えているのは、それだけ「犬」に出くわす機会が多いからです。

「2次方程式の解と係数の関係」は、中学のときには必須で、高校時代までは使ったので覚えていたかもしれませんが、大人になってから使う機会はありません。なので、脳が「重要ではない」と判定して、忘れるわけです。

記憶の定着に必要なのは、回数です。

テレビで、同じＣＭが何度も何度も放送されるのは、あなたの記憶に定着させるためです。広告会社がお金を使って繰り返し宣伝しているのですから、あなたも覚えたいことがあれば、復習の回数を多くすればいいのです。

暗記術 その9

やってはいけない！

いつか復習しようと思っている

これで天才に！

20分〜1時間後に復習する

「エビングハウスの忘却曲線」という有名な曲線があります。

・人は20分後には42％忘れる……覚えているのは58％
・人は1時間後には56％忘れる……覚えているのは44％
・人は1日後には74％忘れる……覚えているのは26％
・人は1週間後には77％忘れる……覚えているのは23％
・人は1か月後には79％忘れる……覚えているのは21％

というものです。

エビングハウスの忘却曲線

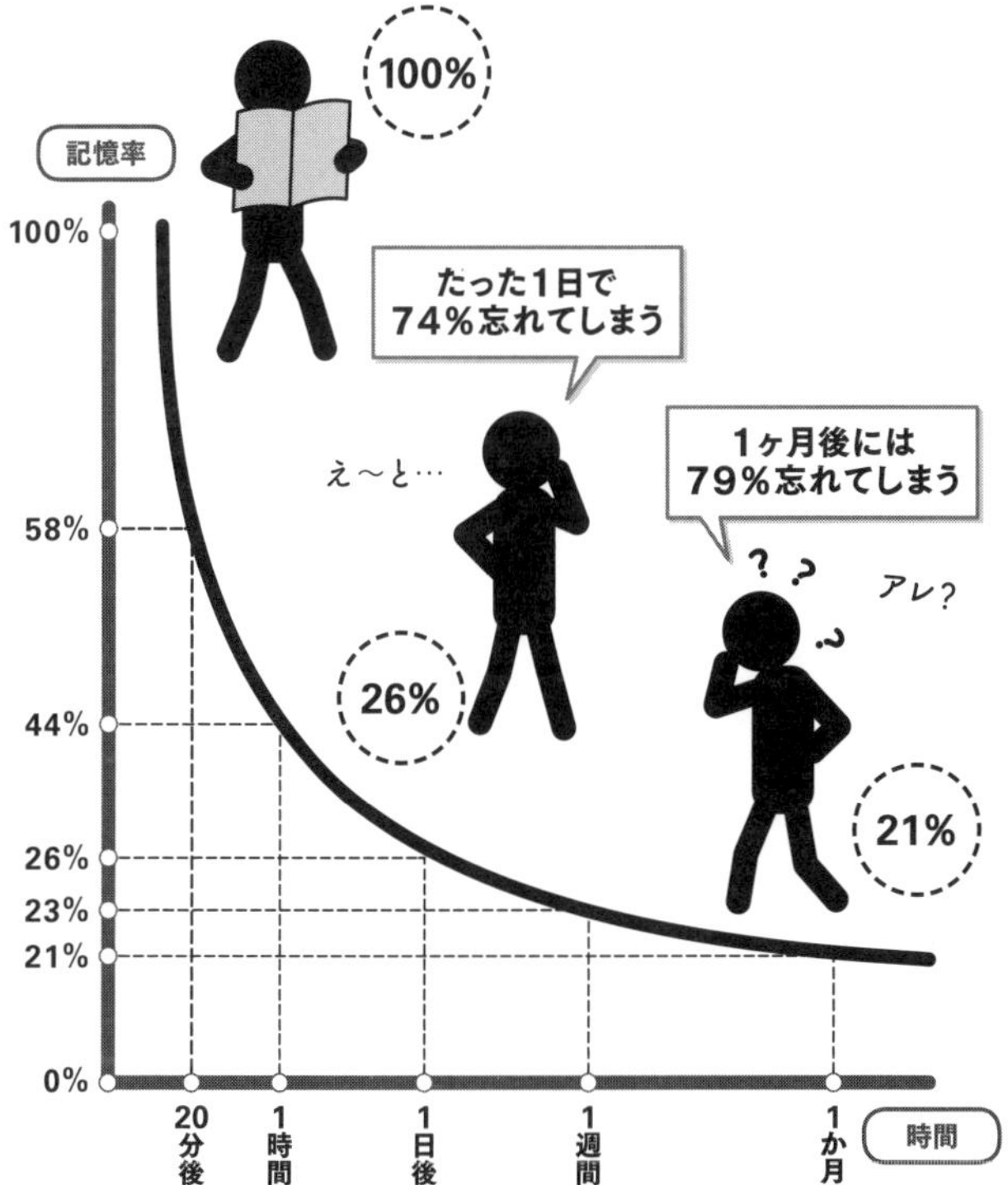

記憶してから1日の間に急速に忘却し、
その後はゆるやかに忘却していく

これは記憶のメカニズムを知るためには、最も重要な曲線です。

「本気になったら、一発で覚えて一生忘れないのではないか」と勘違いする人がいますが、本気になったとしても、脳はそもそも忘れるようにできています。

なので、復習をすることは避けて通れません。

では、どのタイミングで復習をすればいいのかというと、覚えてから20分〜1時間後です。ちょうど半分忘れていて半分覚えているときに、もう一度記憶に定着させるのが効率的です。

テレビも、だいたい本編が20分経過するとCMが流れ、また本編が20分するとCMが流れるようになっています。半分忘れたタイミングを狙って、広告を出してくるわけです。

同じCMを2回連続で流すより、20分後にもう一度流したほうが記憶に定着します。お金がかかっているわけですから、最も効果的なタイミングにCMを打つのが当たり前です。

同じように、20分〜1時間後にもう一度復習するのが一番いいのです。

暗記術 その10

やってはいけない！

復習は、1回だけするものだと思っている

これで天才に！

1日に3回か9回復習する

「覚えたものは、いつか復習しよう」と甘く考えている人がいます。

「いつか」ではありません。「20分～1時間後」です。

「1回復習するのが、復習するということだ」と考えている人がいます。**違います。「1日に3回か9回復習する」が正解です。**

人は、同じことを3回言われて、やっと「本当のことだ」と脳が判定します。

「安いよ！」と言われても、お客さんは反応しません。

「安い！　安い！　どこよりも安い！」と言われてやっと、「本当かもしれな

い」と足を止めるのです。

英単語を暗記するときも、1日3回同じ英単語を復習するのが基本です。3回復習してやっと、脳が「この英単語は重要なんだな」と判定するからです。

さらに、復習の回数を増やしたいのであれば、「1日9回にする」ことがオススメです。

朝に3回、昼に3回、夜に3回すれば、さらに記憶に定着します。

朝テレビで同じCMを3回見て、昼に同じCMを3回見て、夜に同じCMを3回見たら、さすがに覚えてしまうのではないでしょうか。

私の経験上、1日9回以上でも効果は変わらないので、逆に時間の無駄になると考えてください。

その時間があるのであれば、翌日以降にとっておきましょう。

1日の復習の回数は、3回か9回がベスト。

このルールにしたがえば、あなたも暗記の天才になれるのです。

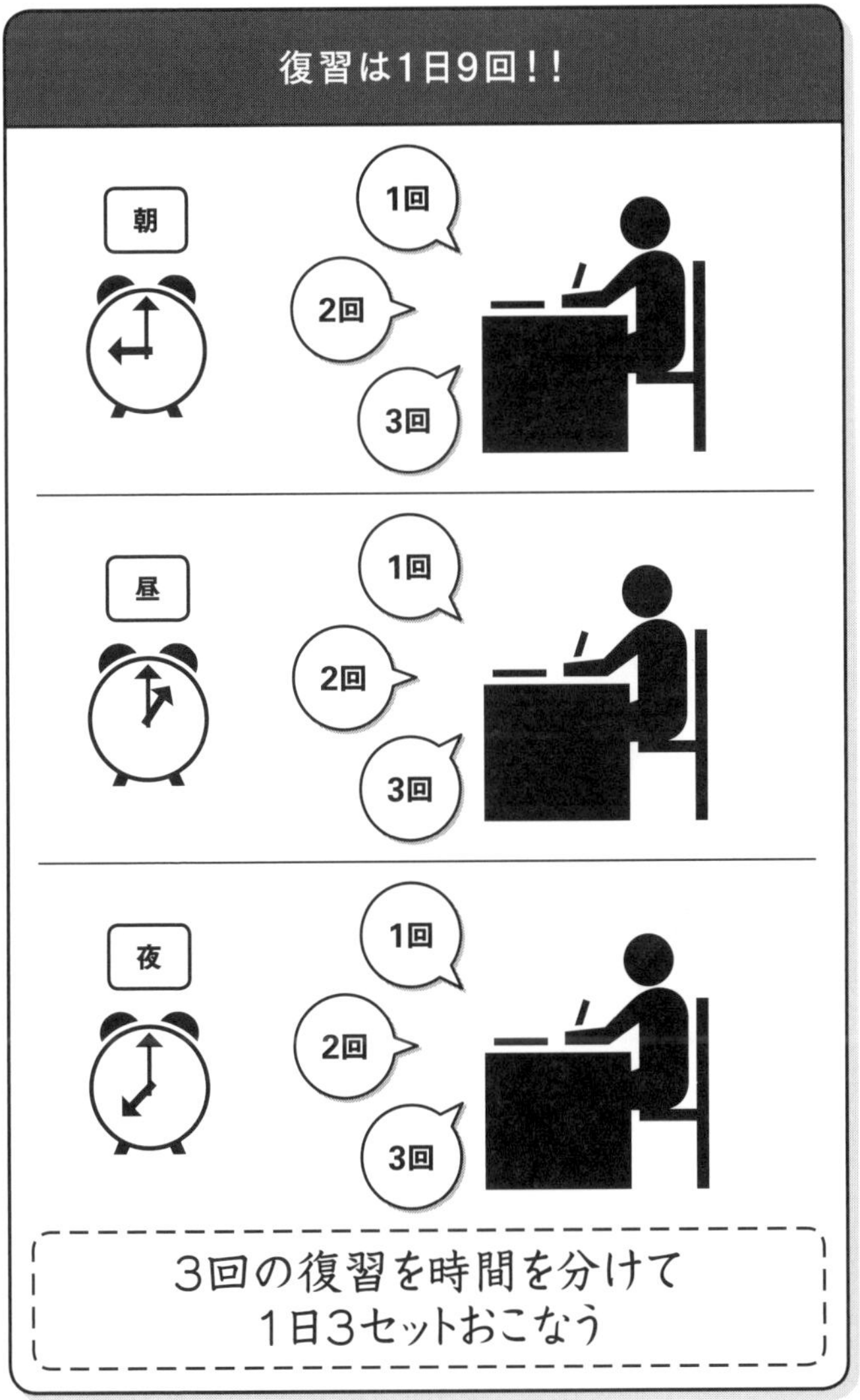
復習は1日9回!!
朝
1回
2回
3回
昼
1回
2回
3回
夜
1回
2回
3回
3回の復習を時間を分けて
1日3セットおこなう

第二章

暗記に関する古い常識、新しい常識

暗記術その11

やってはいけない！

書いて覚える

これで天才に！

目で見て覚える

「何回も書かないと、覚えられないんです」という人がいます。

やってはいけません。時間の無駄です。

「書いて覚える」という覚え方をしている人があまりにも多いですが、一番暗記の効率が悪くなるのが、「書いて覚える」というやり方です。

もちろん、小学校のときには書いて覚える方法が効果的でした。

ひらがなを書く、カタカナを書く、漢字を書く、という形で小学校のときには「書いて覚える」が正解でした。

ですが中学生になったら、もう日本語の読み書きはできている状態になっているのですから、「目で見て覚える」にシフトしていかなければいけません。

小学校時代に正しかったことを、高校生になっても、いや、大人になっても引きずっているのは、意味がないことです。

たとえば、英単語を覚えるときに書いて覚えていたら、1単語につき6秒かかります。

目で見て覚えれば、1単語1秒です。スピードは6倍になります。

書いて覚えたら1単語につき6秒。つまり1分間で10回しか復習できません。目で見て覚えたら、1単語1秒で60回復習できることになります。

労力としても、書いて覚えたら疲れますが、目で見て覚えれば疲れません。

書いて覚えるのではなく、目で見て覚える。

これが、正しい暗記術なのです。

書いて覚えるのではなく、目で見て覚える

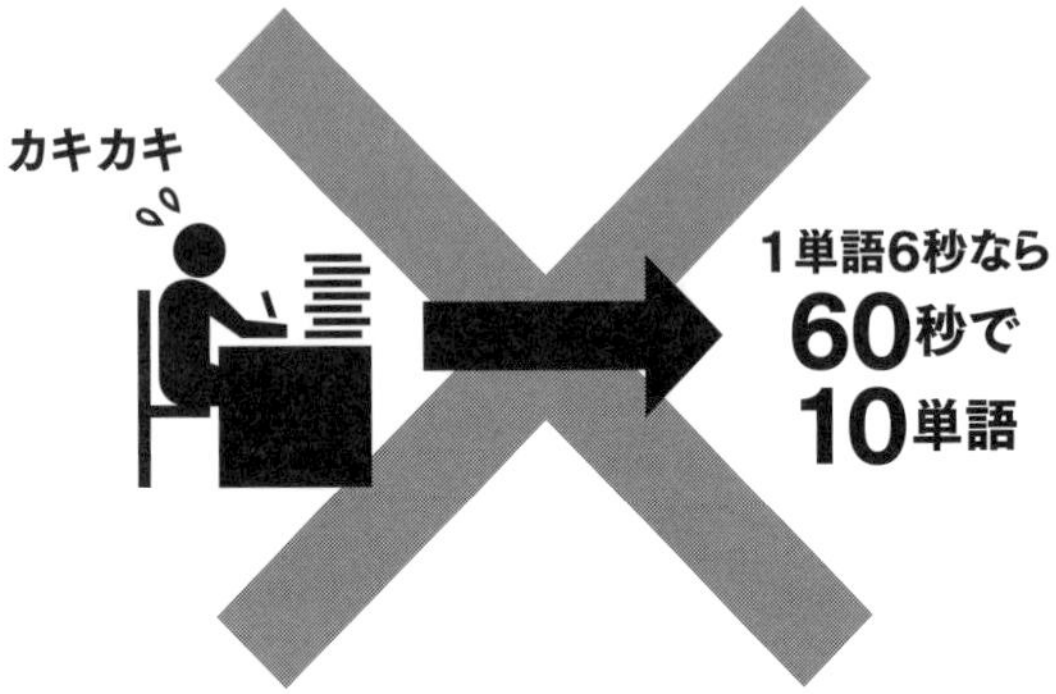

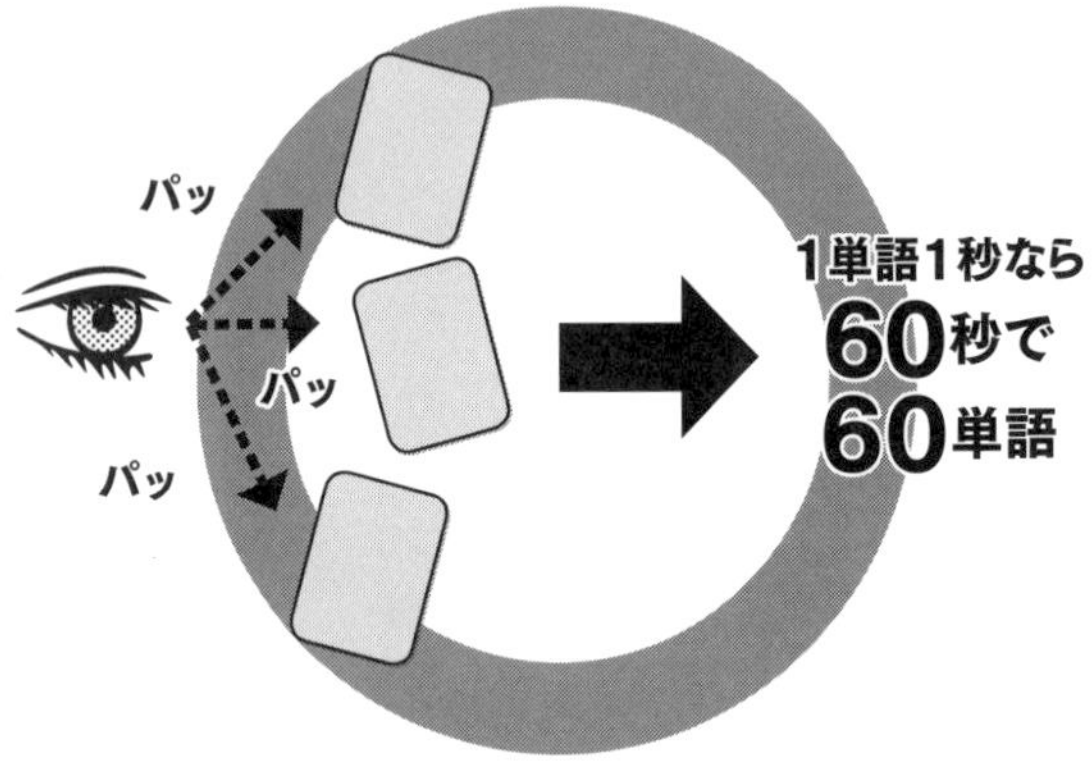

目で見て覚えるだけで
6倍効率が上がる!

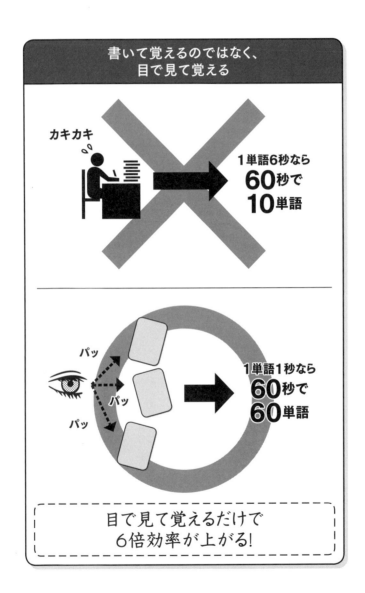

暗記術 その12

やっては いけない！

やったことがないのに、できないと決めつける

これで天才に！

騙されたと思って、3か月間やってみる

「目で見て覚える？　できっこない。無理に決まっている」という人がいます。

「では、あなたは3か月間、目で見て覚えるトレーニングをしたことがありますか？」と聞くと、ほとんどの人が「ない」と答えます。

やってもいないうちから、できないと決めつけているだけです。

もちろん、小学1年生以来、書いて覚えるクセがついているので、新しい習慣を身につけるのには時間がかかります。

潜在意識の切り替わりタイミングは、21日、90日、180日です。

目で見て覚える訓練を21日連続でおこなうと、慣れてきます。

90日連続でおこなえば、目で見て覚えるのが当たり前になり、180日連続で訓練をすれば、書いて覚えていた時代を忘れることができます。

もちろん、「試験まで90日もない」というのであれば、目で見て覚える訓練はオススメしません。習得が間に合わないので、書いて覚えたほうがいいでしょう。

ですが、180日以上試験までに時間があるのでしたら、目で見て覚えるという方法論にシフトしたほうが、効率的に勉強ができるようになります。

あなたは、目で見て覚える訓練をしていなかったから、いま暗記で苦労しているわけです。

騙されたと思って、目で見て覚える訓練を3か月続けることで、目で見て覚えることが、当たり前になっていくのです。

暗記術 その13

やってはいけない！

じっくり覚えようとする

これで天才に！

1秒で何度も眺める

「じっくり覚えたほうが頭に入る」と言って、教科書をじっと眺めている人がいます。

やってはいけません。時間の無駄です。

じっくり覚えている暇があったら、次のページに進んだほうがいいです。

英単語を覚えるときも、1単語につき、じっくり10回、20回と書いて覚えている人がいますが、最悪です。

1単語1秒で、どんどん進みましょう。

そして、1200単語以上（20分以上）眺めたあとに、また最初に戻って復習するのです。

拙著『1分間英単語1600』（KADOKAWA）では、1600単語（27分）にしています。20分〜1時間で復習をするために、この単語数にしているわけです。

1単語ずつじっくり覚えるのではなく、1単語1秒でこなす。

そのときに大切なことは、「覚えようとしない」ということです。

覚えようとしたら、失敗して忘れてしまいます。

どんどん「忘れよう」としながら、1単語1秒で眺めていきます。

そうすると、忘れようとしながら、失敗して覚えていくという感覚をつかむことができます。

覚えようというモチベーションを0にして、忘れようというモチベーションを100にすることで、1単語1秒でこなすことができるのです。

「目で見て何度も繰り返す」のが最速の記憶法

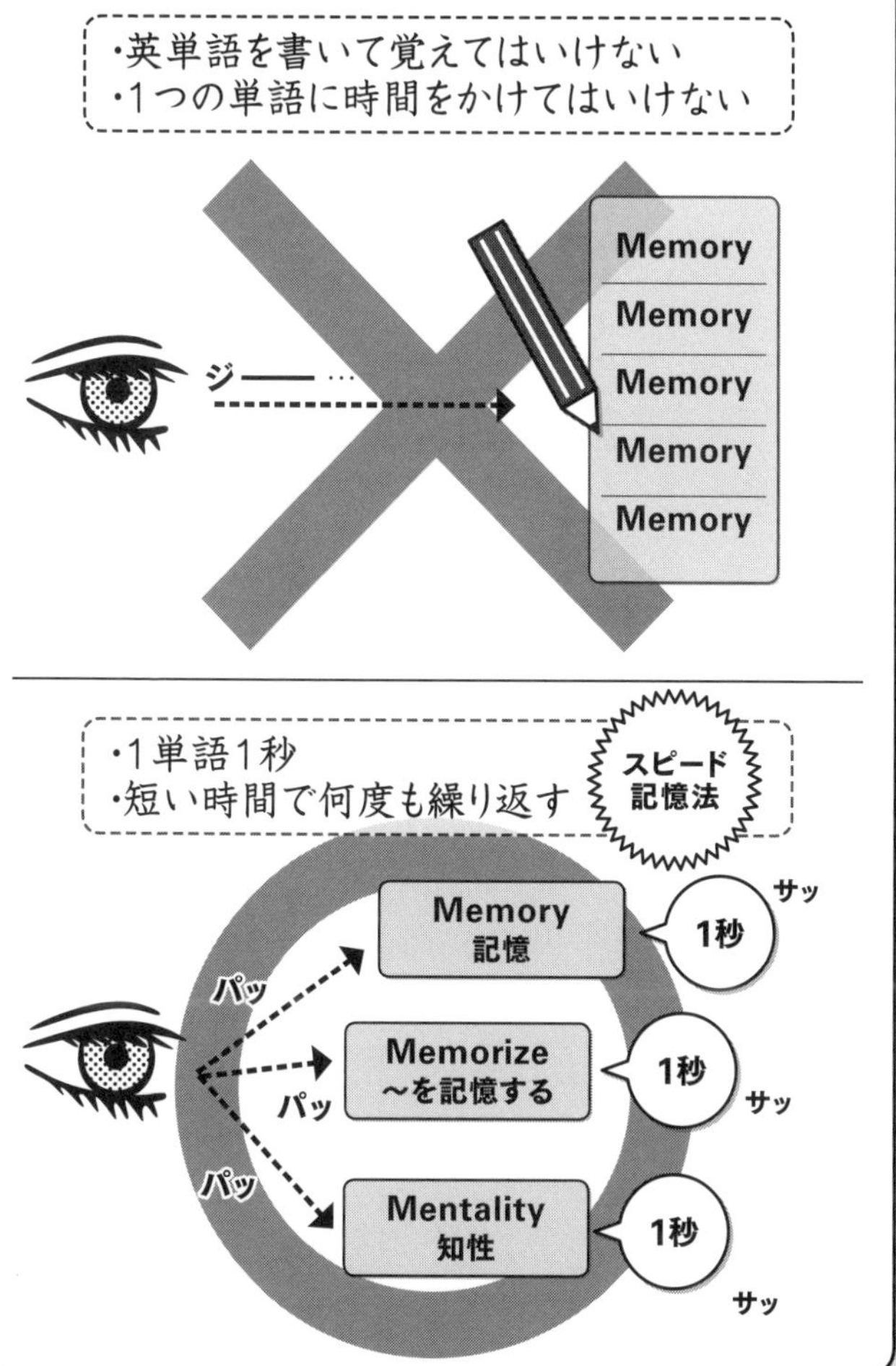

暗記術 その14

やってはいけない！

いっぺんに覚える

これで天才に！

分けて覚える

「1単語1秒で、目で見て覚えたら、綴《つづ》り（スペル）が覚えられないじゃないか」という人がいます。

はい。綴りに関しては無視してください。

意味を覚えることと、綴りを覚えることは、分けて考えてください。

やってはいけない暗記術のひとつが、いっぺんに覚えようとすることです。

英単語を覚えるときに、一度に意味と綴りを覚えようとするのは、遅くなるだけです。

最初に英単語の意味だけを覚えて、そのあとに綴りだけを覚えればいいのです。

日本語も、同じです。

「憂鬱」「薔薇」という漢字は、読めますが、書けませんよね?

まず読める状態をつくってから、綴りを覚えたければ、書いて覚えればいいのです。

綴りは「書け」と出題されるので、書いて覚えるしかありません。

すでに意味がわかっている状態なので、数回書けば覚えられるはずです。

いっぺんに覚えたほうが早いのではないかと思っている人がいますが、いっぺんに覚えていると、スピードが遅いので、時間切れでゲームオーバーになってしまう可能性もあります。

・目で見て、意味だけ1600語覚えた

・綴りも同時に覚えようとして、最初の1200語しか覚えられなかった

この両者の場合、前者のほうが時間対効果は高いです。

試験は、時間との戦いだからです。

いくら正確に英単語の綴りが書けたとしても、そのぶんだけ覚えている英単語の量が少なかったり、その時間だけ英熟語を覚えている量が少なかったら、入試本番で得点ができません。

まず英単語の意味だけを覚えて、余力があったら、あとから綴りも覚えるというのが、正しい時間配分なのです。

記憶は「分けて」覚える
「書け」問題
「読め」問題
カキカキ
書いて覚える
見て覚える
同じ単語でも「意味」と「綴り」は別々に覚える

暗記術 その15

やってはいけない！

椅子に座って覚える

これで天才に！

歩きながら覚える

「椅子に座って、机の前できちんと覚えなければいけない」と当たり前のように考えている人がいます。

逆です。

椅子に座らずに、歩きながら覚えるのが、最も効率的に暗記ができます。

私が推奨《すいしょう》しているのが、「二宮金次郎式記憶法」です。

二宮金次郎は、「歩きながら」「ブツブツ言いながら」「薪《まき》を背負いながら」勉

強をしていました。そう、小学校にある二宮金次郎の銅像の姿こそ、最も暗記が

はかどるスタイルなのです。

五感を使って覚えることで、暗記の効率は上がっていきます。

目で見て（視覚）、書いて覚える（触覚）というのが、多くの人がしている暗記の方法です。

目で見て（視覚）、音読をしながら（味覚）、耳にも入れ（聴覚）、歩き回る（触覚）というのが、二宮金次郎式記憶法です。

・書いて覚える……視覚、触覚だけ使う
・音読して、歩きながら覚える……視覚、味覚、聴覚、触覚を使う

となり、はるかに効率的な記憶法だと言えるのです。

暗記術 その16

やってはいけない！

手《て》提《さ》げのカバンで通学する

これで天才に！

リュックサックで通学する

二宮金次郎は、薪を背負っていました。

背中に薪を背負って負荷を感じながら勉強をすることで、暗記効率を高めているのではないかと私は考えました。

現代であれば、リュックサックを背負うのがいいと思い、受験時代はリュックサックを背負いながら学校に行き、歩きながら英単語の暗記をしていました。

二宮金次郎式暗記法で
五感を使って覚える

リュックサックを背負って、
歩き回りながら覚える!

手提げのカバンだと、片手が塞がってしまいますので、歩きながら勉強をするのには適しません。

リュックサックだと、英単語帳を片手に持ちながら歩くことができます。

転びそうになったら、片方の手を地面に着けばいいわけです。

「リュックサックで毎日移動するなんて、格好悪いな」と思ったら、それは他人の目を気にしているだけで、残り99％を捨てることができていないということです。

暗記をすることが人生で最も重要だと考えたら、リュックサック以外の選択肢はありません。

リュックサックを背負いながら、片手に英単語帳を持つ。

他人の目を気にしなければ、これが最も暗記効率が上がるのです。

暗記術 その17

やってはいけない！
無臭の部屋で暗記をおこなう

これで天才に！
アロマオイルを使った空間で暗記をおこなう

五感をフルに使うために、アロマオイルを焚《た》きましょう。嗅覚を刺激することができます。ペパーミント、ローズマリー、レモングラス、グレープフルーツが、集中力を高めるのに適しています。

英単語のときはグレープフルーツ、日本史のときはレモングラスなど、教科によって香りを変えるのがオススメです。

試験直前にグレープフルーツの香りをかげば、英単語の記憶と結びついて、思い出すこともできるようになるからです。

香りを記憶と結びつけるためにも、アロマオイルを焚くのは効果的です。暗記をすることも、アロマオイルがあるだけでテンションが上がります。

アロマオイルを焚いた部屋で、リュックサックを背負って、歩き回りながら音読をすることで、五感をフルに使いながら暗記をすることができるのです。

暗記術 その18

やってはいけない！

静かな部屋で暗記をおこなう

これで天才に！

少し雑音がある部屋で暗記をおこなう

静かな部屋で暗記をしたほうが、はかどるはずだと思っている人がいます。違います。

静かすぎると、逆に集中できなくなります。

人は、適度な雑音をかき消した瞬間に最も集中力が高まるのです。

プリンストン大学の心理学者ヴァーノン氏らの研究でも、「完全に静かな場所では集中できない」ことがわかっています（参照：『集中力』山下富美代著／講談社）。

なので、あえて少しざわざわしたところで暗記をするのがベストです。
私は執筆ルームとして、わざと交差点の角にあるマンションを借りたことがありますが、常に音がしていたので、とても集中ができたことを覚えています。

やってはいけないのが、音楽を聞きながら暗記をすることです。

とくに日本語の歌詞であれば、歌詞の意味を考えてしまうので、暗記どころではなくなります。

ラジオを聞きながらも、よくないです。ラジオの日本語に気を取られてしまうので、暗記の妨げになります。

川のせせらぎの音のＣＤをかけるのも、オススメしません。というのも、このＣＤがなければ暗記しなくなってしまう危険性があるからです。

日常のなかで、少し雑音があるところを選んで暗記をするのがいいのです。

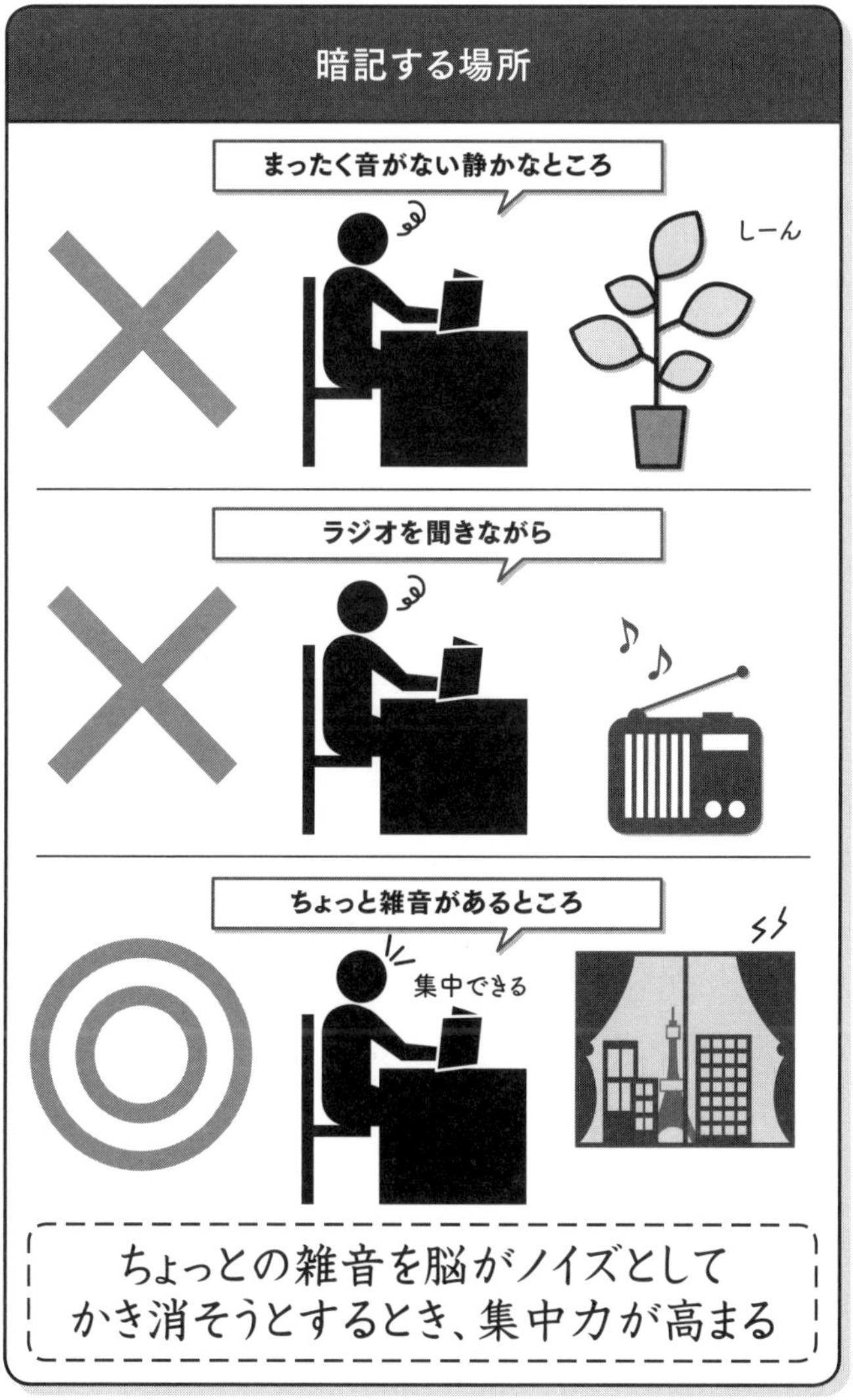
暗記する場所
まったく音がない静かなところ
しーん
ラジオを聞きながら
ちょっと雑音があるところ
集中できる
ちょっとの雑音を脳がノイズとして
かき消そうとするとき、集中力が高まる

暗記術 その19

やってはいけない！

集中力がある人とない人が存在すると思っている

これで天才に！

誰でも集中できる限界は90分だと知っている

「私は集中力がないんです」という人がいます。違います。

「集中力」という言葉自体が、じつは意味がない言葉なのです。私も便宜上、集中力という言葉を使うことはありますが、集中力がある、集中力がない、という分け方は間違っています。

・集中状態に入っている

・集中状態に入っていない

と分けるのが正しいです。

集中力がないという人でも、テレビゲームをしているときには集中していることが多いですし、集中力がある人でも、強い騒音のある状態ではなかなか集中できないからです。

脳科学的に、人間が集中できる時間は90分です。

天才でも凡人でも、90分が集中の限界だと考えてください。

思い出してください。大学の授業、予備校の授業は90分だったはずです。

理由は、集中の限界が90分だからです。

小学校の場合は、その半分の45分が1コマに設定されています。大人の半分しか集中できないと思えば、45分が1コマというのは大正解です。

もし、あなたが集中することが苦手なのであれば、45分を1コマとして勉強するのがオススメです。

暗記術 その20

やってはいけない！

ずっと集中していなければダメだと思っている

これで天才に！

集中は15分ごとの波だと知っている

「45分ずっと集中していられない。私はダメなのではないか」と考える人もいるかもしれません。

「継続してずっと集中する」と考えてはダメです。

「15分ごとの波を乗り越える」と考えてください。

集中は、15分ごとに途切れます。

誰でも、15分経つと飽きるのです。

その波を、2回持ち直すと45分、5回持ち直すと90分になると考えるのです。

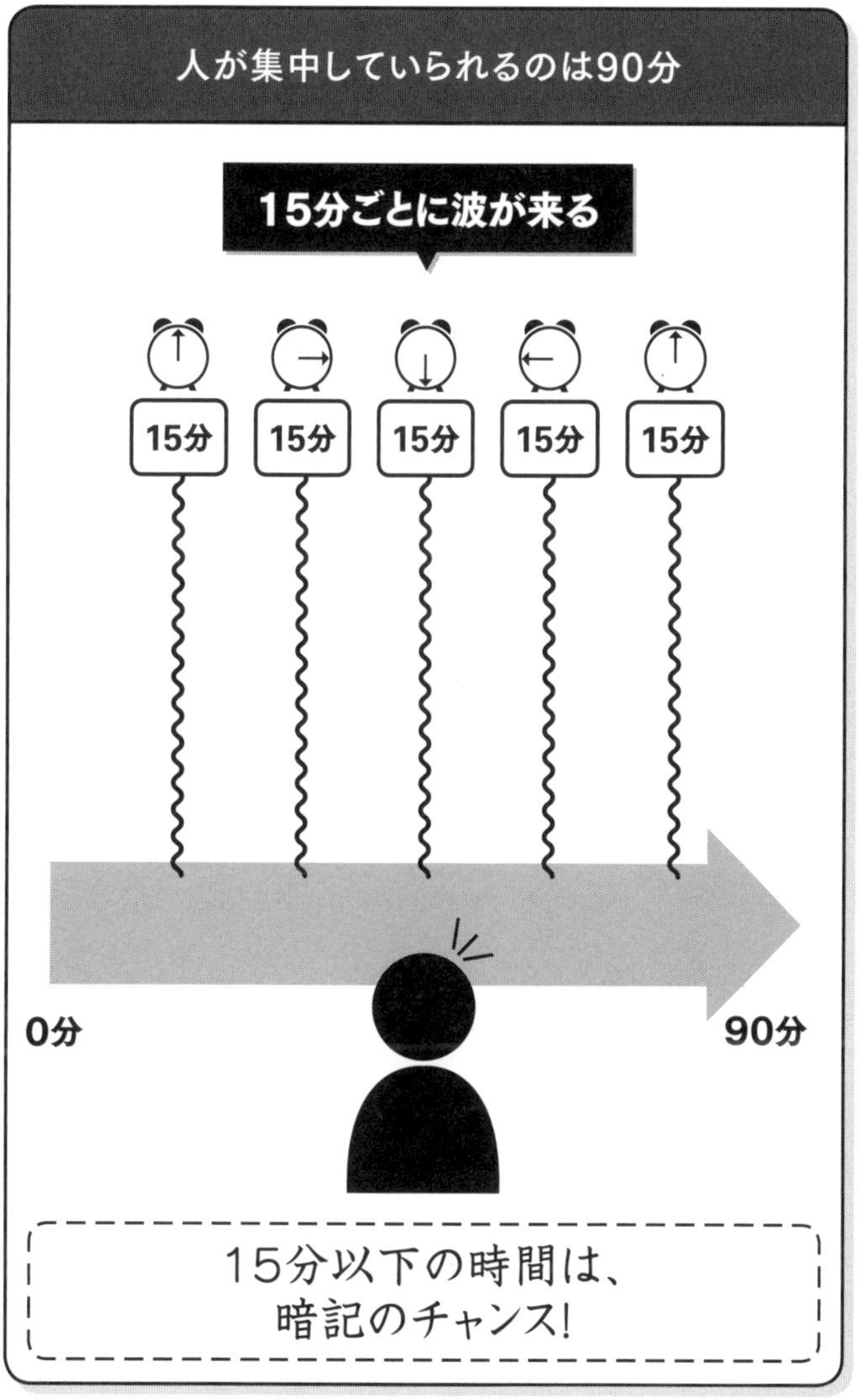
人が集中していられるのは90分
15分ごとに波が来る
15分
15分
15分
15分
15分
0分
90分
15分以下の時間は、
暗記のチャンス!

テレビ番組も、だいたい15〜20分でCMが入りますが、ちょうど集中の波が途切れるときにCMを入れることで、番組を最後まで見てしまうようになるわけです。

「隙間《すきま》時間を活用しましょう」と世間では言われます。

これは言い換えれば、「15分以内の、集中の波が途切れる1回目の波が来る前に、ひとつのことをしてしまいましょう」ということなのです。

暗記術その21

やってはいけない！

暗記をしているときに、おやつを食べてはいけないと思っている

これで天才に！

「朝バナナ」と「昼チョコ」で暗記をはかどらせる

「暗記をしながらおやつを食べるなんて、けしからん！　真面目に勉強をしろ」という人がいます。

これも、昔の常識です。

以前は、「運動をしている最中に水を飲むなんて、我慢が足りない」と言われていましたが、いまは「水分補給をしながら運動をしなければいけない」と常識が変わっています。

同じように、暗記をするときには糖分を脳に送ったほうが効果的です。

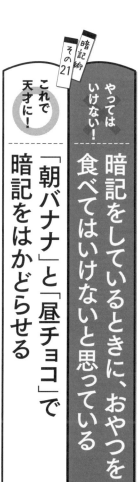

とはいえ、スナック菓子などをボリボリ食べながらでは、ブツブツ言いながら勉強をするのに邪魔になります。

暗記のときには、チョコを食べるのがオススメです。

チョコレートには、記憶力・集中力を高めるテオブロミンという物質が含まれているからです。

チョコであればサイズも小さいので、すぐに食べることができます。何度も噛まなくていいので、最速で糖分を脳に送ることができ、時間の節約になります。

朝は、バナナがオススメです。

バナナにはセロトニンという脳内物質をつくるトリプトファンという成分や、その合成を手助けするビタミンB6が含まれるからです。

セロトニンは、短期記憶を長期記憶に落とし込む役割があると言われています。

朝はバナナを食べ、日中はチョコを食べるというのが、暗記をするときには効果的なのです。

第三章

やってはいけない「ジャンル別」暗記術

暗記術 その22

やってはいけない！

記憶には1種類しかないと思っている

これで天才に！

記憶には4種類あることを知っている

記憶には4種類あります。

「暗記が苦手だ」という方に、「記憶の4種類を知っていますか？」というと、まず間違いなく「知らない」と答えます。

多くの人が、4種類に分類されていることを知らないのです。

記憶の4種類を知らないで暗記をしようというのは、暗闇のなかで、手探《てさぐ》りで暗記をしていくようなものです。

知らないことに対しては、誰しも苦手意識を持っていて当然です。

逆に言えば、記憶の4種類を知った瞬間に、暗記に対する苦手意識はなくなっていくのです。

「分けることは、わかること」です。

記憶を4種類に分け、それぞれを攻略していくことで、暗記が得意なあなたに生まれ変わることができるのです。

暗記術 その23

やってはいけない！

いま何をしているかわからずに、やみくもに覚えようとする

これで天才に！

記憶の4種類のうちの何を利用しているのか知りながら、覚えようとする

「とにかく暗記さえすればこっちのものだ」と、やみくもに暗記に取り掛かる人がいます。

効率が悪くなるので、やってはいけません。

記憶の4種類を利用して覚えたほうが、時間対効果は上がります。

記憶の4種類とは、

①　短期記憶

②　長期記憶

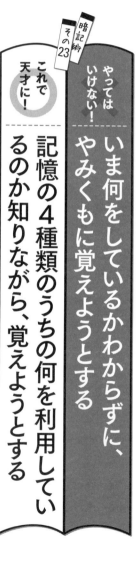

③ 単純記憶
④ イメージ記憶
のことを言います。


記憶は、時間軸で分けると2つに分けられます。

「短期記憶」と「長期記憶」です。

短期記憶とは、20秒以内の記憶のことです。

長期記憶とは、20秒以上の記憶のことです。

数字であれば、人が一度に記憶できるのは「5~9ケタ」と言われます。20秒以内の記憶なので、短期記憶に分類されます。

長期記憶は20秒以上前のことで、いまでも覚えている記憶のことです。

あなたは自分の名前は覚えているでしょうし、犬、猫といった単語も覚えています。長期記憶に入っているから、20秒以上前のことを覚えているのです。

英語でいうと、短期記憶のことをSTM（short term memory）、長期記憶のことをLTM（long term memory）と言います。
・短期記憶（STM）＝20秒以内
・長期記憶（LTM）＝20秒以上
と覚えてください。
つまり、記憶の2ステップとしては、

（1）まったく知らない事象を短期記憶に入れる
（2）短期記憶を長期記憶に移していく

ということなのです。

やみくもに暗記作業をするのではなく、いま自分は（1）の「まったく知らない事象を短期記憶に入れて」いるのか、（2）の「短期記憶を長期記憶に移して」いるのか、を理解した状態で暗記できるようになれば、あなたは記憶の天才として、暗記をしていることになるのです。

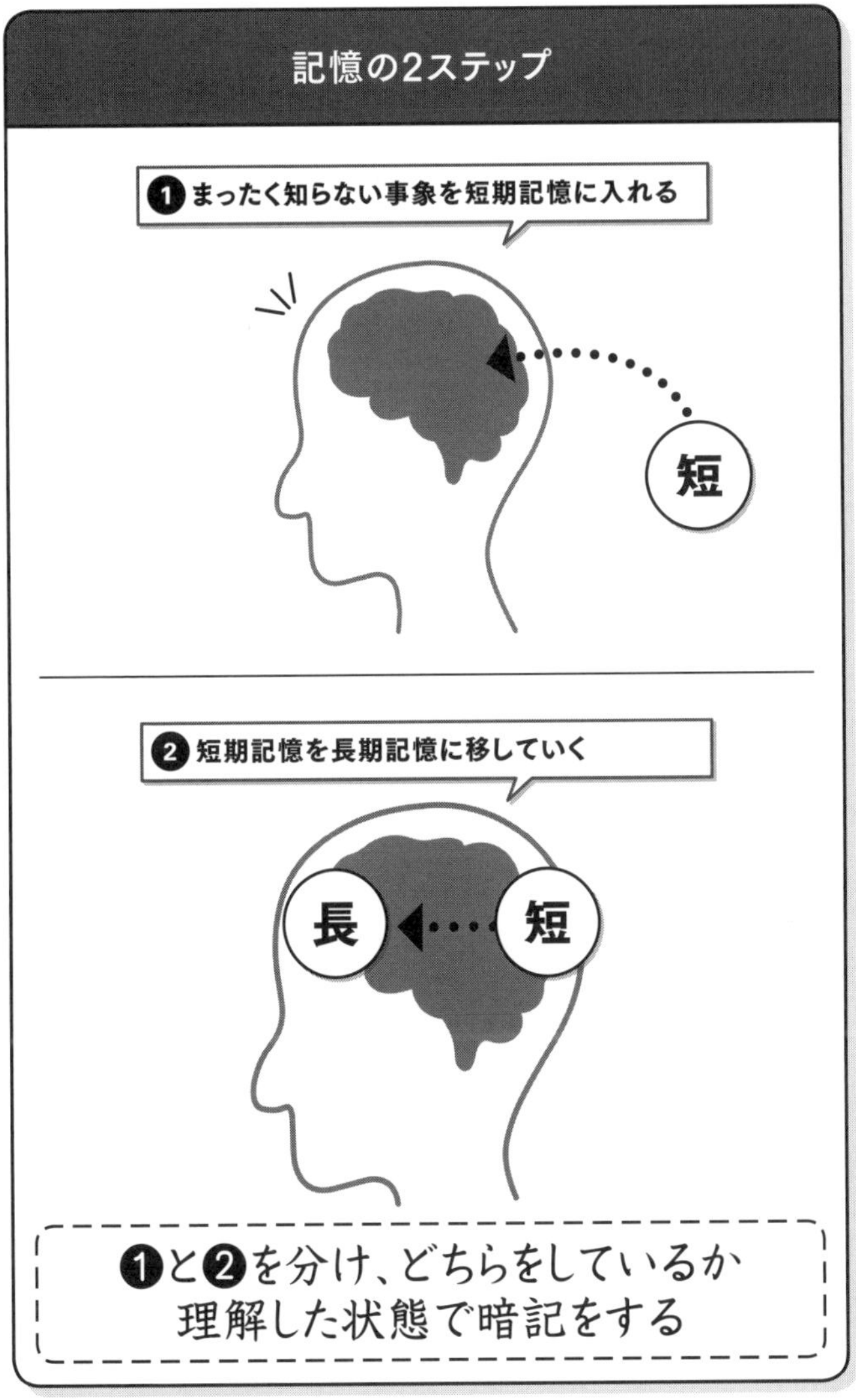
記憶の2ステップ
❶まったく知らない事象を短期記憶に入れる
短
❷短期記憶を長期記憶に移していく
長
短
❶と❷を分け、どちらをしているか
理解した状態で暗記をする

暗記術 その24

やってはいけない！

「長期記憶」には1種類しかないと思っている

これで天才に！

「長期記憶」には2種類あると知っている

さらに、長期記憶には2種類あります。

① 単純記憶

② イメージ記憶

です。

ひとつめの長期記憶が「単純記憶」です。

単純記憶は、別名「単純反復記憶」とも呼ばれます。

意味をそのまま覚えることから、「意味記憶」と呼ばれることもあります。

犬＝dogや猫＝catなど、何度も繰り返して、覚えている状態ができるのが単純記憶です。

なかなか使わない漢字は、いつか忘れます。

一度は長期記憶に入ったけれども、その後、エビングハウスの忘却曲線にしたがって、忘れていったということです。


もうひとつの長期記憶が「イメージ記憶」です。

別名「エピソード記憶」と呼ばれることもあります。

「家族で花火大会に行った」「恋人と遊園地に行った」という記憶は、繰り返されたわけではありませんが、覚えているはずです。

エピソードと一緒に覚えていることから、「エピソード記憶」と言われるわけです。

イメージ記憶は、その名の通り、イメージとともに覚えている記憶です。

自分が直接体験しなくても、イメージさえ浮かぶようになれば、覚えることができます。

ちなみに私は、エピソード記憶という言葉は使わずに、イメージ記憶という言葉を使うようにしています。

なぜなら、イメージ記憶には、

（1）エピソードあり

（2）エピソードなし

の2種類があるからです。

物語とセットになっていなくても覚えられるものがある以上、イメージ記憶という呼び名に統一したほうが、暗記がはかどります。

というのも、「エピソードがないから覚えられない」という言い訳をなくす必要があるからです。

イメージ記憶は、エピソードがあればあるに越したことはないですが、イメージがあるだけでも覚えられますので、上手に使っていきましょう。

たとえば語呂合わせは、エピソードがあるものもあれば、イメージだけのものもあるので、典型的なイメージ記憶といえます。

長期記憶には「単純記憶」と「イメージ記憶」があり、覚える対象によって、この2つに分けながら覚えていく。

これが暗記の天才になるための必勝法なのです。

暗記術 その25

やってはいけない！

単純記憶よりもイメージ記憶のほうが優れていると思っている

これで天才に！

覚える対象によって、単純記憶とイメージ記憶を使い分ける

「単純記憶とイメージ記憶であれば、イメージがあるぶんだけ記憶が鮮明になるはずだから、イメージ記憶のほうが優れている」と勘違いしている人がいます。

違います。

覚える対象によって、単純記憶とイメージ記憶を使い分ける、というのが正解です。

では、単純記憶で覚える分野は何かというと、

・語学分野（英単語・英熟語・英文法）
・歴史分野（日本史・世界史・地理・倫理・政治経済）
です。


とくに単純記憶は、「**1対1対応**」に向いています。

英単語であれば、ひとつの英単語につき、ひとつの意味が一番覚えやすいです。

問：「鎌倉幕府を開いたのは誰ですか？」

答：「源頼朝」

このような一問一答形式で覚えることに、単純記憶は向いています。

このときの必勝法は、いかに1単語1秒にしていけるか？　1問1秒にしていけるか？　ということです。

繰り返した回数が多ければ多いほど、太い記憶になります。

紐《ひも》が何重にも巻きついて、太くなっていくような感覚を持ってください。

何度も復習することによって、記憶の糸を太くしていくのが単純記憶です。

逆に、イメージ記憶で覚えるのは、
・古文単語
・歴史の年号
です。

1対1対応であれば、単純記憶がいいですが、1対多対応であればイメージ記憶がいいでしょう。
古文単語は、ひとつの古文単語に2~3つの意味がありますので、語呂合わせを使ってイメージ記憶で覚えるのが正解です。

また、数が膨大にならないものに関しては、イメージ記憶がオススメです。
たとえば歴史の年号は、覚えるべき年号は多くても約1000です。
古文単語も、1000は覚えなくていいので、イメージ記憶がいいというわけです。

逆に、英単語は3000、5000と覚えるわけですから、語呂合わせを覚えている時間はありません。

歴史の覚える事項に関しても、5000以上はありますので単純記憶です。

・単純記憶に適しているもの……1対1対応、覚える数が多い
・イメージ記憶に適しているもの……1対多対応、覚える数が少ない

このように分けることによって、暗記をするときにも、迷っている時間をゼロにできるのです。

暗記術 その26

やってはいけない！

古文単語を、語呂合わせを使わずに覚える

これで天才に！

古文単語は、語呂合わせで覚える

古文単語は、最も語呂合わせに向いています。

いや、もっと言えば、「語呂合わせ以外で覚えてはいけない」というのが、古文単語です。

1対多対応であるだけではなく、「違和感が必要」なのが古文単語だからです。

「**やがて**」という古文単語が出てきたら、これが古文単語だという違和感がなければ、現代語の「やがて」という意味に訳してしまいます。

実際は、「やがて」というのは、「そのまま」「すぐに」という2つの意味があ

る古文単語です。

語呂合わせとしては、

「矢が手に刺さり、『そのまま』『すぐに』病院へ」

と覚えます。

「文脈によって、そのままという意味なのか、すぐにという意味なのかを判断しなさい」という問題なのに、古文単語だと気づかなければ間違ってしまいます。

「やがて」に傍線が引かれ、この意味は何ですか？　次の3つの中から選びなさいという問題が出たとします。

（1）そのまま

（2）すぐに

（3）しばらくしてから

という選択肢があったときに、まず（1）か（2）かに絞ることができるのが、語呂合わせの威力です。

「**うしろめたし**」というのも、古文単語です。

古文単語だという違和感を持たなければ、「うしろめたい」という意味だと疑いなく思ってしまいます。

「うしろめたし」は、古文単語で「気がかりだ」という意味になります。

「うしろ目、足し算、気がかりだ」と覚えます。

後頭部に目があって、後頭部の目で足し算をするのは、気がかりだなあと思いながら覚えれば、記憶できます。


「一見すると現代語だが、じつは古文単語で、現代とは違う意味があるもの」が出題されます。

知らないことにさえ気づけないものに関しては、語呂合わせを使ってわざと違和感を持たないと、解答できないのが古文の試験です。

「古文単語は、語呂合わせで覚える」というのが、正解なのです。

古文単語のイメージ記憶の例

うしろめたし

やがて

古文単語は、語呂合わせがベスト!

暗記術 その27

やってはいけない！

頭のなかだけで考えて、イメージ記憶をする

これで天才に！

「プリクラ記憶法」を使って、イメージ記憶をする

「よし。頭のなかでイメージ記憶をしよう」と、目をつぶってイメージを思い浮かべる訓練をする人がいます。

やってはいけません。

イラストを描いて、それを眺めるのが一番記憶に定着します。

イメージ記憶は、インパクトがあればあるほど長期記憶に定着します。

「小学生のときに、花火大会を家族で見ていて、夢中になりすぎて転んでドブに

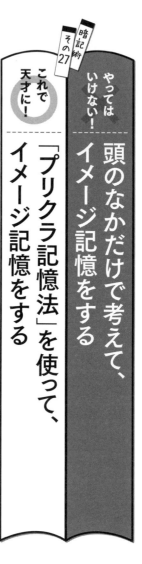

落ちて大怪我をした」という思い出があれば、インパクトが強いので、大人になっても忘れません。

とくに長期記憶に残りやすいのは、自分が登場人物になっているシーンです。

怪我をしたのがあなたであれば長期記憶に残りやすいですが、あなたの友人が怪我をしたというシーンは、あまり覚えていないはずです。

なので、イメージ記憶をするときには、「**自分を主人公にしたイラストを描く。そして、何度も眺める**」というのが一番いいです。

たとえば「1543年、鉄砲伝来」を覚えるときの語呂合わせは、「**鉄砲伝来、一発ゴツン、尻から3発！**」です。

鉄砲が伝来して、いきなりあなたが一発頭を殴られて、お尻から鉄砲を3発撃っているシーンをイメージしてください。

これならば、一生忘れない記憶ができるはずです。

大切なのは、主人公をほかの誰かではなく、あなたにすることです。

ほかの誰かの頭が叩かれているのではなく、あなたの頭が叩かれているシーンにするのです。

次のページの図のように、イラストにあなたの顔写真（プリクラ）を貼ってみてください。

どうでしょう。忘れないとは思いませんか。

これを「プリクラ記憶法」と名付けています。

もちろん、顔写真以外のところは、あなた自身がイラストを描くことが大切です。自分でイラストを描くことで、当事者意識を持つことができ、イメージが強化されます。

イメージ記憶をするために、あらかじめプリクラを撮って、家に何十枚もある

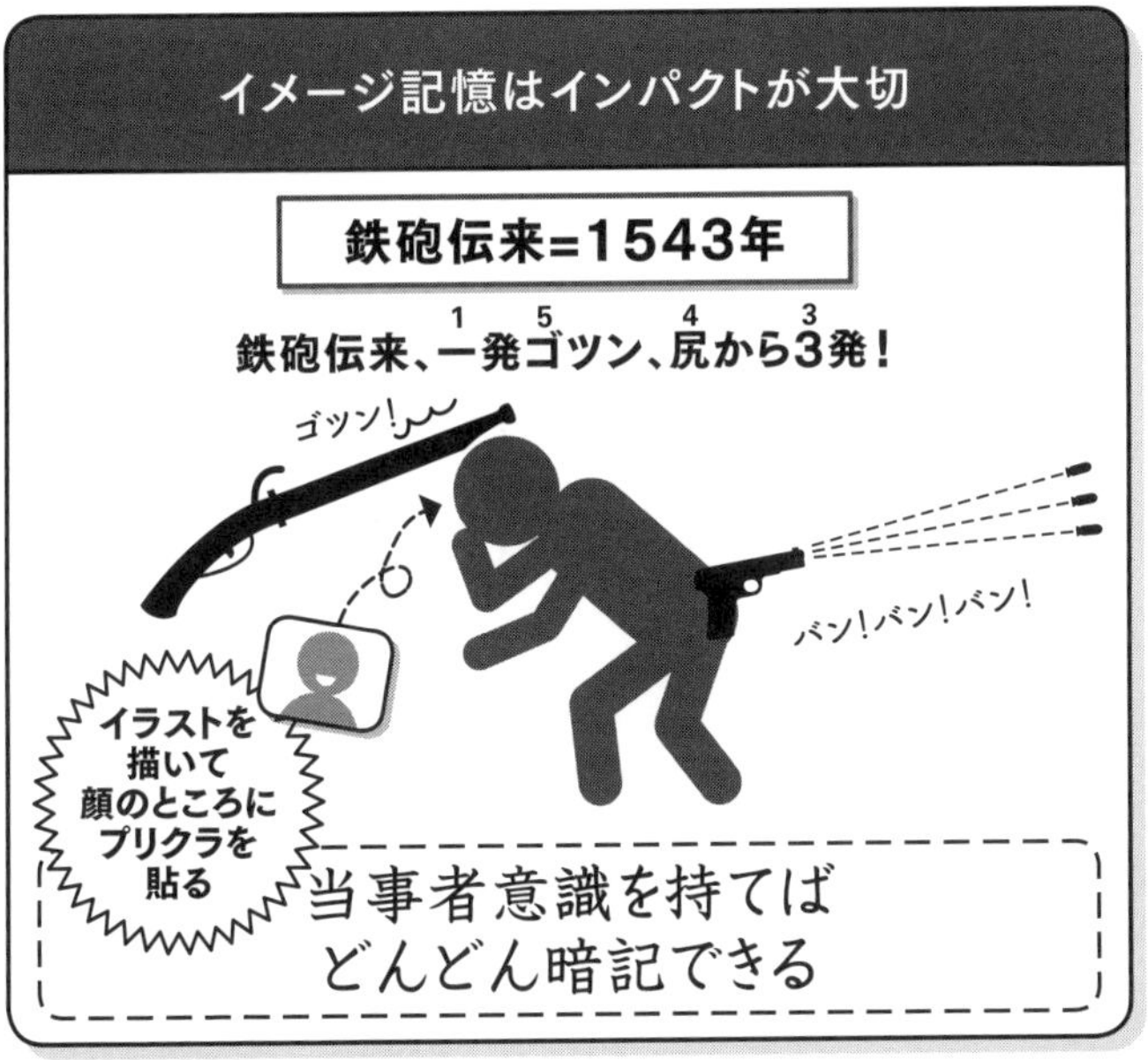

状態をつくってください。

喜怒哀楽（喜んでいる顔、怒っている顔、悲しい顔、笑っている顔）に加えて、驚いている顔、普通の顔の6パターンで、トータル8枚ずつは、常に持ち歩きたいところです。

イメージ記憶のときには、プリクラは必須アイテムなのです。

暗記術 その28

やってはいけない！

教科書に落書きをする

これで天才に！

教科書にプリクラを貼る

教科書の隅にイラストを描いて、パラパラ漫画をつくっている人がいます。意味がないので、やってはいけません。

そうではなく、教科書にはプリクラを貼りまくるのが、記憶には効果的です。

授業を聞いていて、「わからなかった。また復習しよう」と思ったら、悲しい顔を貼ります。

「なんだよ、この問題！　引っかけじゃないか！」というときには、怒っている顔を貼ります。

「よし、わかったぞ！」というところには、喜んでいる顔、笑っている顔を貼ります。

「すごい！　こんな解き方があったのか！」というところは、驚いている顔を貼ります。

こうしていくことで、あなたが勉強をしている「当事者」になります。

あなたが当事者になっていることに関しては、長期記憶に定着します。

あなたが当事者になっていないことに関しては、「自分には関係ないな」と思って、忘れます。

あなたを当事者にする一番簡単な方法は、あなたの顔写真を教科書にどんどん貼っていくことなのです。

暗記術 その29

やってはいけない！

言葉でイメージ記憶をする

これで天才に！

感情でイメージ記憶をする

「鉄砲伝来、一発ゴツン、尻から3発！」

「鉄砲伝来、一発ゴツン、尻から3発！」

「鉄砲伝来、一発ゴツン、尻から3発！」

このように繰り返し言葉で覚えようとするのは、せっかくイメージ記憶をしているのですから、時間がもったいないです。

感情とともに覚えるのが、長期記憶に定着します。

「一発ゴツン！　うわっ！　痛いっ！」という感情とともに覚えたほうが、忘れません。

記憶術チャンピオンの人が、無意味な言葉の羅列を覚えるときに使う方法が、「**感情とともに暗記をする**」というやり方です。

たとえば、「ゾウ↓カメ↓ツル」という順番を覚える場合を考えてみましょう。

- **ゾウがカメに食べられて（うわっ！　どんだけでかいカメだよっ！）**
- **カメの目をツルが突っついて（うわっ！　痛い！）**

と、ストーリーをつくって、感情と同時に覚えれば記憶できます。

「ゾウ↓カメ↓ツル」「ゾウ↓カメ↓ツル」「ゾウ↓カメ↓ツル」と反復するよりも、感情と一緒に覚えたほうが、イメージ記憶は定着するのです。

暗記術その30

やってはいけない！

すべてを語呂合わせで解決しようとする

これで天才に！

替え歌をつくって覚える

「よし。イメージ記憶だ！　すべてを語呂合わせで覚えてやるぞ！」という人がいます。

これも、やってはいけません。

イメージ記憶にしづらいものも、あるからです。

1対1対応であれば、単純記憶がベストです。

ですが、「1対多対応で、語呂合わせがつくれないもの」もあります。

その場合は、歌にして覚えるのが一番です。

歌をさらに分けると、

① 替え歌にして覚える
② ラップにして覚える

の2種類があります。

たとえば、中国の王朝の順番の替え歌は有名です。

『アルプス一万尺』の歌に合わせて、「殷・周・東周・春秋戦国……」と覚えていくわけです。

替え歌がすでに存在していればいいのですが、自分で替え歌をつくるのは大変です。

その際に、どんなものでも覚える方法があります。

それが「ラップにして覚える」というものです。

たとえば、「古典文法をラップにして覚える」というメソッドがあります。

広島の修道高校の管野泰久先生が考案したもので、拙著『1分間古典文法180』（水王舎）にDVDも付いていますので、そちらを参考にしてください。

ラップであれば、単純な羅列を音に乗せることができるので、どんどん覚えることができます。

単純記憶もイメージ記憶もできなければ、歌にしてしまえば、覚えることができるのです。

第四章

右脳をあやつる超・暗記術

暗記術 その31

やってはいけない！

左脳を使って覚える

これで天才に！

右脳を使って覚える

「よし、理解をしながら覚えるぞ！」と、理解と暗記を同時におこなおうとする人がいます。

やってはいけません。

なぜなら、「理解をする作業は左脳」の仕事で、「覚えるのは右脳」の仕事と、分けたほうが、スピードは上がるからです。

人間には、左脳と右脳があります。

・左脳は論理を司《つかさど》る。容量が小さい
・右脳は映像を司る。容量が大きい

という特徴があります。


理解をする上では「論理」が大切ですので、左脳を使います。

数学の問題を理解するときには、論理が欠かせません。

ですが、覚える段階になったら、論理は邪魔になります。いちいち論理を意識していたら時間がかかってしまうからです。

それよりは、英単語であれば1単語1秒で、歴史であれば1問1秒で見て、何度も繰り返したほうが記憶に定着します。

記憶の糸は、繰り返された数によって太くなります。

左脳的に暗記をするのではなく、右脳的に暗記をするのが、暗記の天才になる秘訣なのです。

暗記術 その32

やってはいけない!

理解しようとして覚える

これで天才に!

理解せずに覚える

教科書をうんうん唸りながら、覚えようとしている人がいます。

これも、左脳（理解）と右脳（暗記）を同時に使おうとしている行為なので、遅くなります。

理解するときは理解する、覚えるときは覚える、というふうに、左脳と右脳は別々に使ったほうがスピードは上がります。

理解しようとしたら、時間がかかります。

「論理」を駆使して理解しなければいけないので、左脳をフルに使っている状態です。

暗記をするときに、意味を求めてはいけません。

「impossible：不可能な」という英単語を覚えるときには、imが否定で「～ではない」という接頭語で、possibleが「可能な」という意味なので、「不可能な」という意味なんだな——といちいち考えていたら、時間がかかります。

そうではなく、「impossible：不可能な」と1単語1秒で覚えていったほうが早いのです。

「なぜ？」というのは論理なので、左脳の仕事です。

なぜ「impossible」という英単語が「不可能な」という意味なのかは、どうでもいいので、考えてはいけません。

どうして「mother」はお母さんという意味なんだろう？　moはどんな意味な

んだろう？　therにはどんな語源があるんだろう？　と考えるのは、完全に時間の無駄です。

「英単語は、語源から覚えましょう」という先生がいますが、そんなことをしている暇があったら、１０００単語、２０００単語を覚えたほうが早いです。

理解をして覚えようと思った瞬間に、左脳的に覚えようとしていることになります。

理解せずに覚えるのが、右脳を使って暗記をするということなのです。

暗記術 その33

やってはいけない！
黒のボールペンを使う

これで天才に！
青のボールペンを使う

勉強をするときに、黒のボールペン（シャープペン）を使っている人がいます。

やってはいけません。

勉強をするときには、青のボールペンを使う。

これが正しいです。

「青ペン勉強法」と名付けていますが、記憶に関して効果的な色が青なので、青を使うようにしてください。

青は、リンク色です。
ヤフーのホームページでも、リンクされているところは青になっています。
逆に大切ではない、リンクされていないところは黒で書かれています。
ということは、

・大切なこと↓青
・大切ではないこと↓黒

と、無意識で脳が認識しているということです。

①　記憶とリンクさせたいことは青で書く
②　どうでもいいことは、黒で書く

という習慣をつけましょう。

勉強するときは、基本的には青のボールペンを使います。先生の板書をノートに書くときも青です。「今日のご飯はレンジで温めてね」というような、どうでもいいこと、覚えなくてもいいことは、黒で書きます。

こうやって分けることで、「青で書かれたものは大切なものだ」と脳が認識します。

青ペンを使って勉強することが、右脳を使った勉強法の第一歩なのです。

暗記術 その34

やってはいけない!

ボールペンを1本だけ持ち歩く

これで天才に!

青のボールペンを3本持ち歩く

筆記用具に関して、ボールペンを1本だけ持ち歩いている人がいます。

もしなくしたら、大切なことを思いついても書けなくなってしまうので、やってはいけません。

青のボールペンを3本持ち歩く。

これが正解です。

3本あれば、1本のインクがなくなっても、ほかの2本を使えば大丈夫です。

1本だけだと、なくす危険性もあれば、インクがなくなる危険性もあります。

カバンには、常に青のボールペンが3本ある状態にしておきましょう。
オススメは、パイロット社の「フリクションボール」というボールペンです。
ボールペン全体が青色だからです。

色には、暖色と寒色があります。

暖色は、赤やオレンジといった色です。見ると興奮してしまう色です。

横浜中華街でも、赤を基調に街が構成されています。周囲の色が赤だと本能的に好きなものを買ってしまい、売上が上がると言われています。
先日、私も中華街に行きました。ほとんどお金を使わずに、見るだけにしようと思っていたのに、気がついたら1万円以上の買い物をしていたということがありました。

寒色は、青や緑などで、見ると落ち着きが増し、集中できる色です。

私はリフォームをするときに、寝室の壁をすべて青にしたのですが、すぐに眠ることができるようになりました。

青を見た瞬間に、集中状態に入りやすくなります。

なので、インクが青のボールペンを使うだけでなく、ボールペン全体が青のものを使ったほうが効果的です。

手に取った瞬間に、集中状態に入れるからです。

青のボールペンは3本持ち歩く。

さらには、ボールペン全体が青のほうが集中するのに適している。

暗記をするときには、あなたが天才になるだけではなく、道具も天才にしていくことで、天才度がさらに上がるのです。

暗記術その35

やってはいけない！
0・5ミリの青ボールペンを使う

これで天才に！
0・7ミリの青ボールペンを使う

「そうか。青ペンを使えば、記憶しやすくなるんだな」と、0・5ミリの青ボールペンを買ってしまう人がいます。

ダメです。やってはいけません。

せっかく青ペンを使うのですから、0・5ミリではなく、0・7ミリの芯のものを使いましょう。

0・5ミリよりも、0・7ミリのほうが1・4倍太いので、1・4倍目に飛び込んできやすいことになります。

細い線の字と太い線の字があったら、太いほうが大切だと脳は認識します。

「0・7ミリの青ボールペンを使いましょう」

「0・7ミリの青ボールペンを使いましょう」

この2つであれば、太いほうが目に入りやすく重要だと感じるはずです。

ならば、最初から太い芯のものを使ったほうがいいはずです。

とはいえ、マジックペンだと太すぎて使いづらいので、0・7ミリのものがベストです。

小学校でも、HBの鉛筆を使うよりもB、Bよりも2Bのほうが濃く記憶に残りやすいので、2Bが推奨されているケースが多いようです。

細い文字のものは重要ではなく、濃く太い文字のものを重要だと脳は認識するのですから、普段使う青ボールペンも、0・5ミリではなく、0・7ミリのもののほうがいいのです。

暗記術 その36

やってはいけない！ 黄色の蛍光ペンだけを使って覚える

これで天才に！ 4色の蛍光ペンを使って覚える

「黄色の蛍光ペンで、教科書の重要なところを塗りつぶそう」と、教科書を黄色一色にしている人がいます。

「重要なところ」が「どう重要なのか」がわからないので、記憶に定着しません。

私が中学生のときの先生で、わかりにくい板書をする保健の先生がいました。

彼は、自分が板書をした文字のすべてに黄色のチョークでアンダーラインを引きながら、授業をするのです。

「俺が言っていることは全部重要なんだ」と言うわけです。

「全部重要だ」と言いたい気持ちはわかりますが、全部重要だと言われたら、記憶には定着しません。

「ここは試験に出ないので、覚えなくていいです。ここは試験に出るので覚えましょう」と言われたら、記憶に定着します。

勉強ができない人に限って、「全部重要なんです。どうしたら覚えられるでしょうか」と悩んでいます。

勉強ができる人は、まず最重要なことだけを覚えます。最重要なことを覚えてから、次に重要なことを覚えようと、優先順位をつけます。

センター試験に出る基礎的なことをマスターしてから、早稲田大学の試験に出るような難易度の高いものをマスターするのが、順番としては正しいです。

日本史の教科書を読むときに、「完璧に頭に入れよう」と、縄文時代から始めて、室町時代で力尽きてしまう人はとても多いです。

江戸時代が試験では頻出するのに、その前に時間切れになってしまうというわけです。

ＡＢＣ順の単語帳を使って、Ａから始まる単語はパーフェクトなのに、Ｓから始まる単語はさっぱりわからない人と同じパターンになってしまっています。

黄色の蛍光ペンだけを使うと、「重要な所に蛍光ペンを引くぞ。でも、全部重要だから、覚えたい」ということになり、結局、教科書が黄色一色になって覚えられなくなってしまいます。

蛍光ペンは、４色を使います。

赤・緑・黄・青の４色です。

赤……最重要
緑……重要
黄……まあまあ重要
青……さほど重要ではないが、試験に出る可能性はゼロではないので、一応覚えたほうがいい

このように優先順位を4段階つけて、蛍光ペンを引きます。
まず赤のところを覚え、時間があったら緑を覚え、さらに時間があったら黄色、もっと時間があれば青のものを覚えるようにすれば、「教科書の最後までたどり着けずに力尽きた」ということは、なくなります。

4色の蛍光ペンを使えば、重要度順に分けることもできますが、記憶の4段階に応じて分けることもできます。

赤……見てゼロ秒でわかるもの
緑……見て3秒でわかる、うろ覚えのもの
黄……見たことはあるが、わからないもの
青……見たことも聞いたこともないもの

どう使い分けるかというと、

- **まだまったく理解していない状態↓重要度順で4色に色分けをする**
- **すでにある程度は理解している状態↓記憶の4段階順に色分けをする**

というのが理想です。

というのも、まったく初見の参考書を読んだとき、記憶の4段階順で色分けをしてしまうと、すべてが青一色になってしまうからです。

「どこが重要なのかさえ、わからない」というレベルの場合は、そもそも、その参考書があなたのいまのレベルに合っていないということです。

超基礎レベルの参考書からスタートして、どんどんレベルが高い参考書に上げていけば、最速で成績は上がるのです。

記憶の4段階のピラミッド図

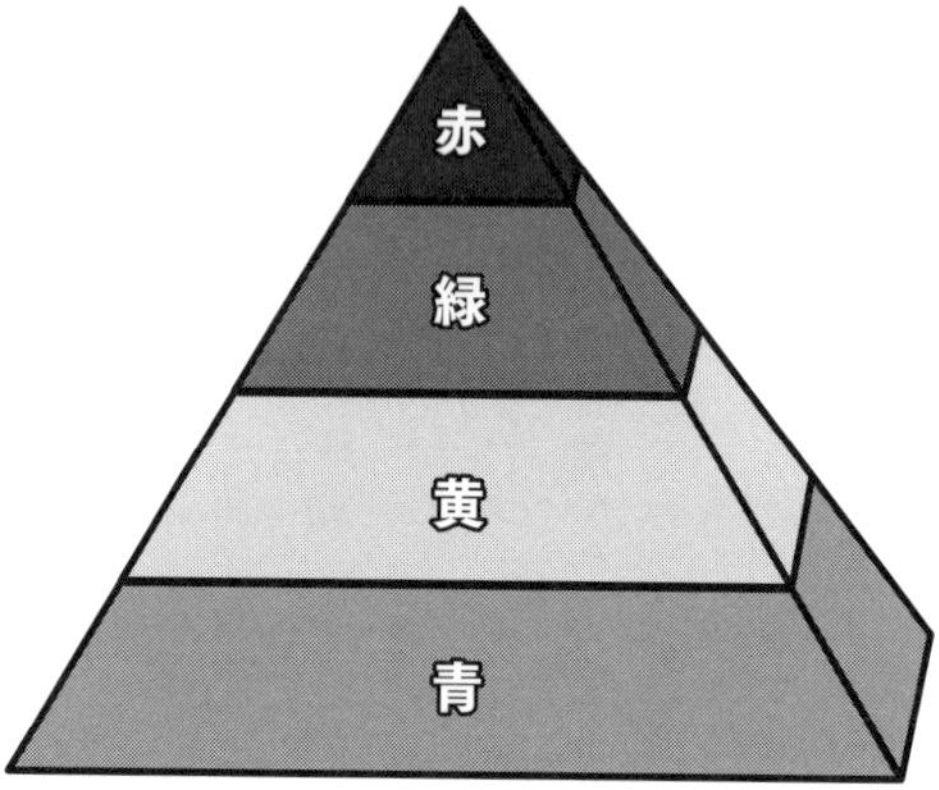

- 赤　見てゼロ秒でわかるもの
- 緑　見て3秒でわかる、うろ覚えのもの
- 黄　見たことはあるが、わからないもの
- 青　見たことも聞いたこともないもの

4段階ごとに、色分けする

暗記術 その37

やってはいけない！
教科書を暗記しようとする

これで天才に！
参考書を暗記しようとする

「学校の教科書は、基礎的なことが網羅されているはずなので、難易度が低いに違いない。まずは教科書から暗記しよう」と思っている方がいます。

ダメです。やってはいけません。

学校の教科書は、すでに成績がいい生徒でも、授業中に寝ないようにこまかいことまで書かれていたりするので、「教科書＝レベルが低い」という図式は間違いです。

「教科書＝偏差値30から偏差値70の人まで、すべての人がある程度満足するようにつくられている」というのが正しいです。

一番いい参考書というのは、「偏差値30の人には役立つが、偏差値70の人には時間の無駄でしかない」という参考書であり、「偏差値70の人には役立つが、偏差値30の人にはまったく理解できない」という参考書です。

「成績を上げたいと思ったら、教科書は使わない」

このほうが正しいです。

もし、教科書を使えば成績が上がるのであれば、学校の生徒は全員が東大に合格できることになってしまいます。

日本史・世界史に関しては教科書から出題されるケースが多いので、教科書を使った勉強に意味はあります。

国語は、教科書を使っても残念ながらさっぱり成績は上がりません。

空所補充の問題にも対応できません。問題があって、その問題に答えることが国語の試験なので、問題集を使わないと国語は成績は上がらないのです。

数学の場合も、教科書の例題と同じ問題が東大で出題されたという話は聞いたことがありません。教科書に書いてある問題とは別の問題が、実際の入試では出ます。

教科書と、入試に出題されるかどうかの関連度で言えば、

- **歴史**（**日本史・世界史**）**の教科書↓入試との関連度【大】**
- **数学の教科書↓入試との関連度【中】**
- **国語↓入試との関連度【小】**（**現代文はゼロ、古文・漢文は中**）

となります。

教科書を暗記するのではなく、あなたのレベルにあった参考書を暗記したほうが、成績は上がるのです。

暗記術 その38

やってはいけない！

白い紙に書いて、覚える

これで天才に！

4色に色分けされたカラーマジックシートを使って、覚える

当たり前のように、白いノートに書いて覚えようとしている方が大半です。

これは、「やってはいけない」とまでは言えないかもしれませんが、もったいないです。せっかくなので、色がついた紙に書いて、そのあとに目で見て覚えたほうが効果的です。

右脳は色に反応するので、書くのは青のボールペンにして、書き込む紙も4色にしたほうが効率的です。

もちろん、濃い色ではなく薄い色の紙にしたほうが書きやすいです。

さらに効率的にするためには、「カラーマジックシート」がオススメです。

赤・緑・黄・青の4色を1枚にまとめて形にしたシートなので、4倍効率的に暗記ができます。

私の「1分間勉強法」の公式ページで、無料でダウンロードできるようになっていますので、ぜひ活用してください（http://www.1study.jp）。

カラーマジックシートの4色のところに、

赤……見てゼロ秒でわかったもの
緑……見て3秒でわかったうろ覚えのもの
黄……見たことはあるが、わからないもの
青……見たことも聞いたこともないもの

と書いていけば、通常の4倍の効率で暗記ができ、さらには色つきのシートなので、復習をするのが楽しくなるのです。

暗記術 その39

やってはいけない！

教科書に書き込んで覚える

これで天才に！

4色の付箋を使って覚える

「これは覚えなければ。教科書に書き込んでおこう」と、教科書に小さい文字で先生が言ったことを書き込んでいる人がいます。

やってはいけません。

教科書がぐちゃぐちゃで読みにくくなってしまいますし、教科書の余白には限りがあるので、途中でそれ以上書けなくなってしまうからです。

余白のスペースに限界があると最初からわかっているのですから、教科書に書き込むという行為は、やってはいけないのです。

その代わりに、4色の付箋を使って教科書に貼ればいいのです。
教科書に貼ったあとは、カラーマジックシートに貼り変えることもできますので、あとからまとめやすいです。

4色の付箋をどう分けて使うかというと、**英単語の場合は、**

赤→名詞
緑→動詞・イディオム
黄→形容詞・その他
青→副詞・接続詞・構文

となります。

日本史・世界史の場合は、
赤→人名
緑→出来事・事件

黄↓その他
青↓年号
となります。

このように分けて付箋をつくって、カラーマジックシートに貼っていきます。

見てゼロ秒でわかったもの↓赤のところに貼る
見て3秒でわかったもの↓緑のところに貼る
見たことはあるが、わからないもの↓黄色のところに貼る
見たことも聞いたこともないもの↓青のところに貼る

こうしておいて、青のところに貼ってあるものを黄色に、黄色に貼ったものを緑に、緑に貼ったものを赤に昇格させていけば、暗記の状況が「見える化」できるのです。

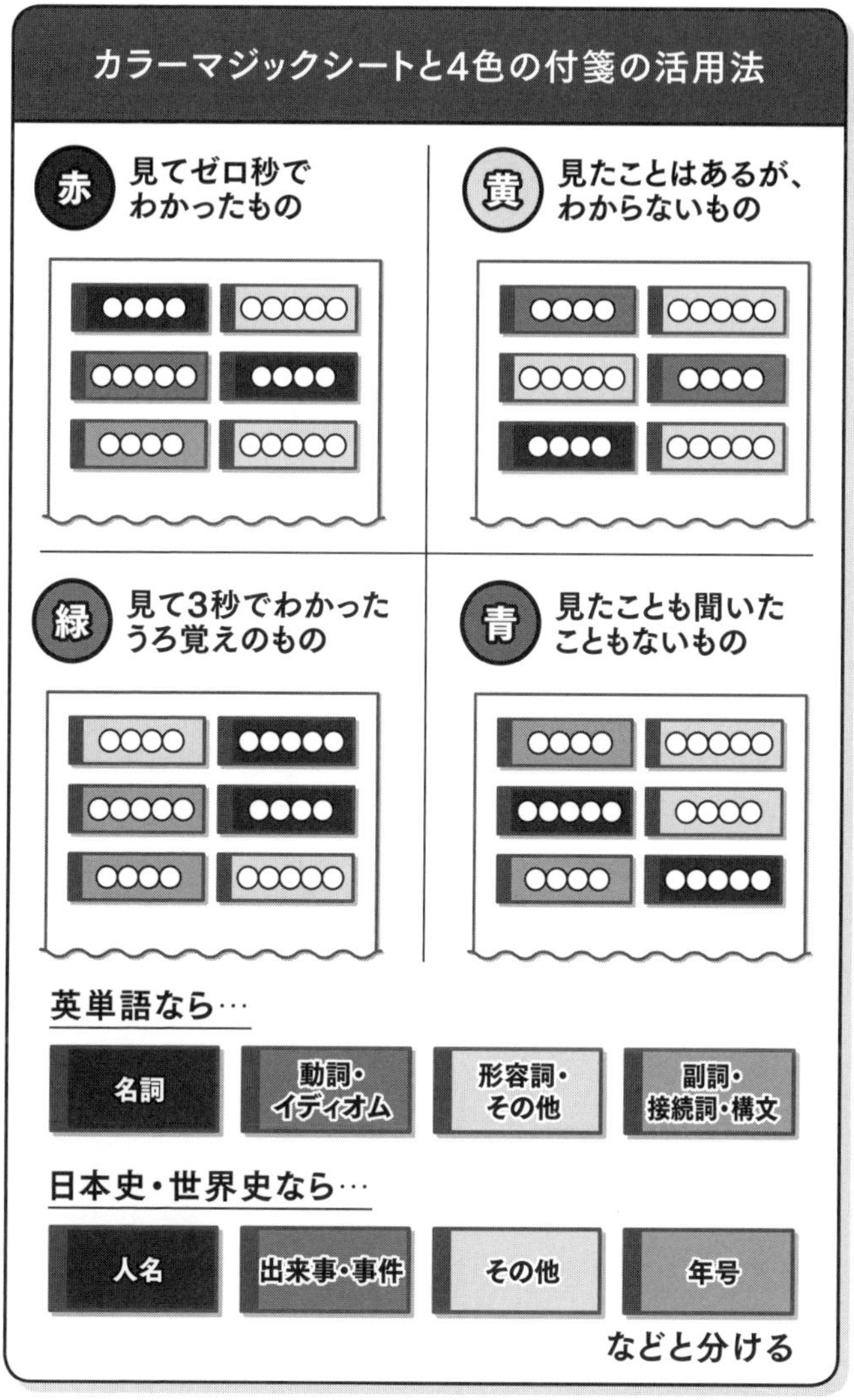
カラーマジックシートと4色の付箋の活用法
赤
見てゼロ秒でわかったもの
黄
見たことはあるが、わからないもの
緑
見て3秒でわかったうろ覚えのもの
青
見たことも聞いたこともないもの
英単語なら…
名詞
動詞・イディオム
形容詞・その他
副詞・接続詞・構文
日本史・世界史なら…
人名
出来事・事件
その他
年号
などと分ける

暗記術その40

やってはいけない！

覚えるべきノートをためていく

これで天才に！

4色のクリアファイルに分ける

「覚えるべきことが書かれたノートをためておいて、とにかく片っ端から暗記をしよう」としている人がいます。

やってはいけません。

どのみち、片っ端から暗記をすることは一発ではできないので、「やっぱり私はダメだ」と絶望感が生まれるだけです。

4色のクリアファイルに分けると、暗記ははかどります。

カラーマジックシートやルーズリーフを、4色のクリアファイルに分けていく作業をします。

赤のクリアファイル……見てゼロ秒でわかったもの
緑のクリアファイル……見て3秒でわかったうろ覚えのもの
黄のクリアファイル……見たことはあるが、わからないもの
青のクリアファイル……見たことも聞いたこともないもの

赤のファイルがたまっていくほど、暗記したものが多いことになります。

赤のファイルは、家においておきます。

出かけるときは、緑のクリアファイルを持って出かけます。

そうすると、空いている時間に、ストレスがなく、「見て3秒でわかったもの」→「見てゼロ秒でわかったもの」に昇格させる作業ができます。

緑のクリアファイルを常に持ち歩くことで、何度も繰り返し脳に「重要だ」と認識させる機会を増やすことができるのです。

暗記術 その41

やってはいけない！

段ボールにノートを入れる

これで天才に！

4色のクリアボックスに、クリアファイルを入れる

勉強量が増えると、クリアファイルがたまってきます。

4色のクリアファイルを、4色のクリアボックスに放り込む習慣をつけましょう。

赤のクリアファイルがたまるほど、あなたが暗記した量が多くなります。

常に持ち歩くものは、緑のクリアボックスのなかから選びます。

家で暗記をするときは、黄色のクリアボックスと、青のクリアボックスから選びます。

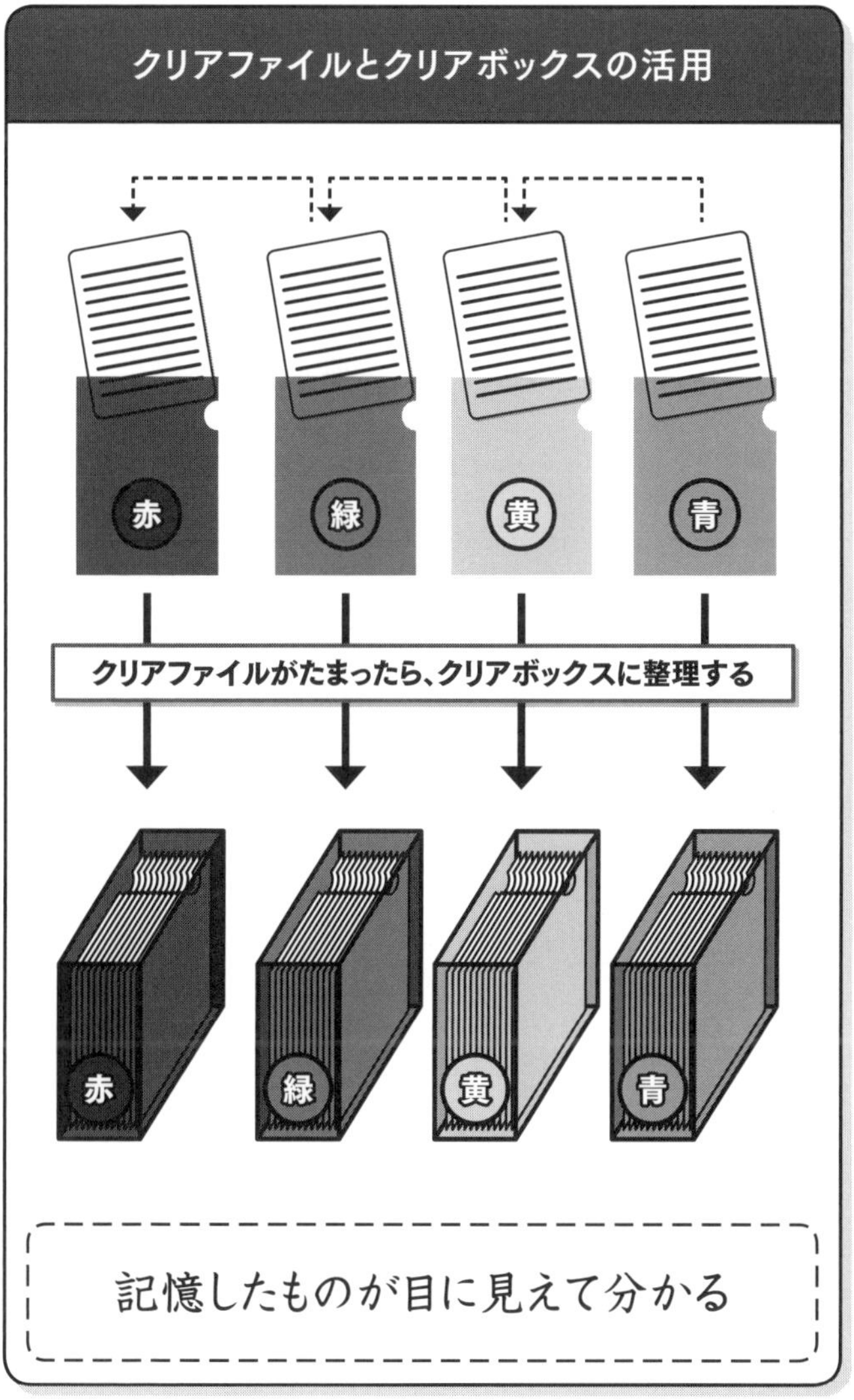
クリアファイルとクリアボックスの活用
赤
緑
黄
青
クリアファイルがたまったら、クリアボックスに整理する
赤
緑
黄
青
記憶したものが目に見えて分かる

こうしておくことで、記憶をした量が目に見えるようになります。

常に4色が目の前にあることで、

- **緑のものは、持ち歩いて赤にしよう**
- **黄色のものは、早く持ち歩けるように、緑にしよう**
- **青のものは、黄色に昇格させよう**

と、パブロフの犬のように、自動的に反応することができるようになります。

記憶の達人になるということは、無意識レベルでストレスなく、ゼロ秒で暗記に取り掛かることができる人のことなのです。

第五章

サンドイッチ記憶法で、短期記憶を長期記憶に定着させる

暗記術 その42

やってはいけない！

疲れをとるためだけに、寝る

これで天才に！

寝ている時間を使って、記憶を定着させる

「今日は1日がんばったぞ。寝よう」と、疲れ果てて寝る人がいます。気持ちはわかりますが、やってはいけません。

寝ているときに、短期記憶が長期記憶に定着するからです。

寝ている時間を味方につけることで、記憶の天才になることができます。

起きているときだけ暗記をする人よりも、起きているときも寝ているときも暗記をしている人のほうが、多くのことを覚えられます。

徹夜で、一夜漬けで覚えても、ほとんどのことをすぐに忘れます。

中間テスト・期末テストで一夜漬けをした経験がある方は多いと思いますが、そのとき暗記した内容を後々まで覚えていたという方は、いないはずです。寝ているときに短期記憶は長期記憶へと変わるのですから、寝ている時間を味方につけることが、暗記の第一歩です。

私が提唱しているのが「サンドイッチ記憶法」です。

寝る前に、暗記をします。そして、そのまま寝ます。寝ている間に長期記憶に落とし込まれます。起きたあとに、また前日に暗記したことを復習します。

こうすることで、脳が「このことは大切なんだな」と再認識するので、忘れない記憶につながっていきます。

寝ている時間を、ただ単に疲れをとっている時間にするのはもったいないです。

寝ている時間も暗記の時間にする人が、記憶の天才なのです。

暗記術 その43

やってはいけない！

睡眠時間を削って、勉強時間を増やす

これで天才に！

睡眠時間は7時間30分がベストだと知っている

睡眠時間を削って勉強をすることが、努力だと思っている人がいます。

かつては「四当五落《しとうごらく》」という言葉がありました。

「4時間睡眠だと合格し、5時間睡眠だと落ちる」というわけです。

では、何時間の睡眠時間にするのがベストなのでしょうか。

答えは、すでに出ています。

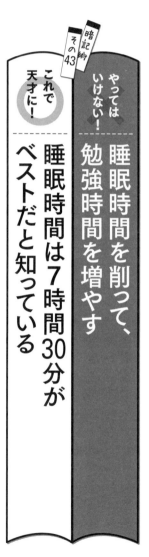

7時間30分です。

私自身、自分で3時間睡眠、3時間半睡眠、4時間半睡眠――と試してみました。すると、翌日も調子がよく、前日の記憶も定着していたのが、7時間30分睡眠だったのです。

科学的なデータとしても、7時間半睡眠の人が最も長寿であるという結論が出ていますので、睡眠は7時間30分にするのが一番いいと考えてください。

睡眠時間が短すぎると、翌日にボーッとしながら1日を過ごしてしまうことになりますので、長期的なパフォーマンスを考えるとよくありません。

寝ている間に短期記憶が長期記憶に落としこまれるのですから、寝る時間が少なすぎるのは、逆に「もったいない」と考えてください。

ちなみに、7時間30分の次にいいのは7時間ジャストです。

7時間30分睡眠にするのが一番いいが、その次にいいのは7時間睡眠であると思って、睡眠に関しても計画を立てるのが、記憶の天才になるための秘訣なのです。

暗記術 その44

やってはいけない！

夜12時以降も勉強をする

これで天才に！

夜12時以降は勉強をしない

「昨日は夜中の2時まで勉強をした。がんばった」と、自己満足をしている人がいます。

12時を超えてからの勉強は、やってはいけません。

7時間30分睡眠がベストなので、12時になったら寝なければいけないのです。

シンデレラでも12時を超えたら魔法が解けてしまうのと同じで、12時を超えたら、勉強のパフォーマンスは一気に落ちると考えてください。

1日だけならばいいのですが、勉強は長丁場で計画を立てるものなのですから、

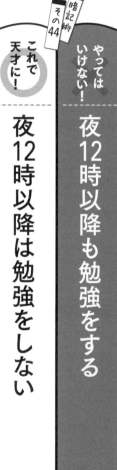

翌日に響かないように、12時には寝るように心がけましょう。

成長ホルモンは、夜10時から深夜2時までの4時間に最も多く分泌されます。この4時間が、成長ホルモンにとってのゴールデンタイムです。

なので、この時間帯は、寝ている時間にしたほうがいいのです。

成長ホルモンは寝てから30分後にとくに多く分泌されると言われますので、夜の1時30分に寝たら、もうダメだということになります。

次の日に響かず、成長ホルモンの分泌にとってもいいのですから、12時になったらピタッと勉強はやめて、寝たほうがいいのです。

サンドイッチ記憶法

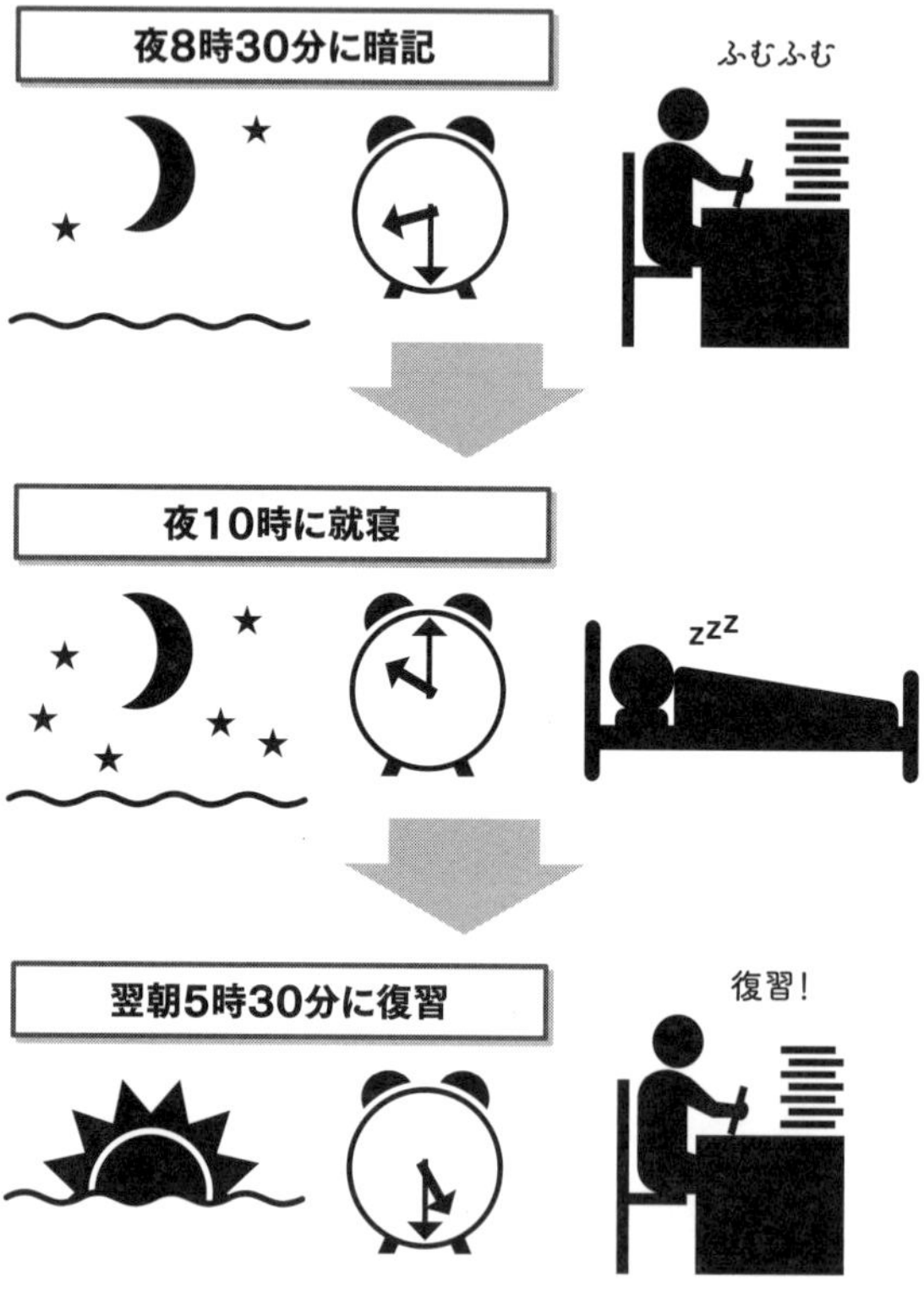

寝ている時間を味方につける!

暗記術その45

やってはいけない！
暗記ものは、時間帯に関係なくおこなう

これで天才に！
暗記ものは、寝る前90分と、起きた直後90分におこなう

寝ている間に、短期記憶は長期記憶に落とし込まれます。

暗記ものをするのにベストな時間帯は「寝る前の90分」です。

「お風呂に入って、リラックスしてから、ベッドに入ろう」という人がいますが、もったいないです。

寝る直前の90分は、お風呂に使うのではなく暗記に使いましょう。

さらに、起きた直後はセロトニンが分泌されるので、復習にはもってこいです。

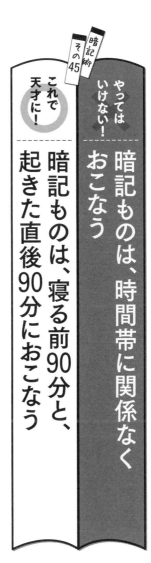

起きた直後に、前日の寝る前に暗記をしたものの復習をするというのが、効果的です。

寝ている時間の7時間30分を挟んで、寝る直前90分と、起きた直後90分に暗記をするメソッドが「サンドイッチ記憶法」です。

寝る前の90分で暗記をしたものが、寝ている間の潜在意識が無防備な時間帯に繰り返しリフレインされて、長期記憶に定着されていきます。

そして、起きた直後のセロトニンが分泌されている状態で復習するのです。

やってはいけないのは、寝る前にホラー映画を見てしまうことです。

すると、ホラー映画が寝ている間にリフレインされて、嫌な夢を見ることになります。

どうせならば、寝る前には暗記ものをして、覚えたい事項をリフレインさせながら寝たほうが、ずっといいのです。

暗記術 その46

やってはいけない！
朝、新しい問題を解こうとする

これで天才に！
朝は、前日の復習の時間に充てる

「朝は頭が冴えているのだから、数学の問題を解こう」という人がいます。

もちろん、計算問題のようなトレーニング系のものであれば、やっても大丈夫です。

ですが、難しい文章問題を解こうとするのは、やってはいけません。

朝早く起きて、いきなりできない問題を目の前にうんうん唸ってしまって、1時間が経過してしまったら、「せっかく早起きしたのに、朝の時間が無駄になってしまった」という絶望感を持ったまま、その1日を始めなければいけないからです。

朝は、前日に暗記をしたものの復習をおこないましょう。

暗記ものの復習であれば、成功率は100％だからです。

前日に覚えていたわけですから、「覚えているぞ！」と自己肯定感が上がります。

朝早く起きて、「覚えている。自分はやっぱり天才だな」と思ってから1日をスタートするようにしましょう。

わざわざ知らない問題を朝にやるのは、失敗する確率があることを、朝一番にするということになります。

せっかく朝早く起きるわけですから、成功率100％のものから1日を始めるのがベストなのです。

暗記術 その47

やってはいけない！

学校の時間割通りに勉強をする

これで天才に！

1日3分割法をする

私は学生時代、学校の時間割が大嫌いでした。というのも、先生の都合で時間割がつくられているからです。

大切なのは、脳科学的に正しいかどうかで時間割をつくることです。

午前中は脳が一番活性化しているので、数学などの頭を使う教科がベストです。

午後は、午前中よりは脳が疲れているので、英語・国語といった語学を。

夜は、脳が疲れているので、新しいことを考えるのではなく、日本史・世界史といった暗記ものをするのが一番いいのです。

大人の仕事の時間割も、同じです。

午前中は、一人で集中できる仕事をする。
午後は、ミーティングを入れる。
夜は、飲み会で情報交換をする。

このような時間割にしていくのが、脳科学的にはベストです。

学生時代に、「1時間目が体育」というときがあったのですが、最も脳が活性化していて、逆に最も身体が固くなっている午前の早い時間に体育をするというのが、当時は嫌で嫌でたまりませんでした。

科学的な時間割にするために、1時間目は数学にして、体育は午後にするように、学校教育には変わっていただけたらと常々願っています。

「脳は疲れない」という前提で1日を生きるのではなく、午前中に脳が一番活性化していて、どんどん脳の機能は低下していくと考える。そこから逆算してスケジュールを立てていくのが、記憶の達人になるためには大切なのです。

1日3分割法
勉強
仕事
午前中
頭を使う教科を
数学
午前中
一人でできる仕事
午後
語学を中心に
英語
午後
打ち合わせなど
夜
暗記ものを
日本史
夜
社交の時間

第六章

本番で必ず結果を出す!
「ピークコントロール」暗記術

暗記術 その48

やってはいけない！

常に暗記している状態を目指す

これで天才に！

試験当日だけ、暗記している状態を目指す

「覚えたことは、一生忘れないぞ」と思って暗記をしようとする人がいます。こうやって気合を入れて覚えても、失敗するだけです。

むしろ、忘れようとして失敗して、覚えている状態をつくり出すというのが正解です。

いつも忘れない状態をつくろうとするのではなく、試験当日だけ覚えている状態にするにはどうしたらいいかと、アプローチを変えるのです。

あなたにとって大切なのは、試験本番の1日だけです。

「この日さえ偏差値70ならば、翌日にはキレイさっぱり忘れていても構わない」と考えるのです。

これが「ピークコントロール」という考え方です。

夏休みに偏差値70で、試験当日に偏差値30まで落ちてしまう人よりも、夏休みには偏差値30だけれども試験当日に偏差値70の状態になる人が合格します。

「試験当日だけ暗記できている状態をつくるには、どうしたらいいのか?」というように、試験当日から逆算して暗記をしていくのが正解です。

ずっと気を張って、「暗記している状態を保たなければいけない」と考えていたら、大変です。

「試験当日だけ、すべてを暗記している状態になれば、それでいい」と割り切って考えることが、暗記をしていく上でのスタートラインなのです。

暗記術 その49

やってはいけない！

味気ない勉強はしたくないと考える

これで天才に！

味気ないものだと思って勉強をする

「石井先生のメソッドは、確かに最速で暗記ができます。でも、それでは味気ないのではないでしょうか」と、何度も言われたことがあります。

「勉強は楽しんでするほうがいい」というのは、確かにもっともらしい考え方です。ですが、下手の横好きという言葉もある通り、楽しんでいるのは初心者のときだけであって、達人クラスの人になると、楽しいを超えたところで勝負をしています。

プロゴルファーと、上手なアマチュアでは、どちらがゴルフを楽しんでいるかといえば、上手なアマチュアです。

プロゴルファーは、いいスコアを取らないと生きていけないので、修行のような境地でスコアを上げることに取り組んでいます。

勉強も、「英語が好きなんです」という人は、大抵《たいてい》は成績が悪いです。

全国模試1位レベルになると、好き嫌いを超えて、もはや「そんな英熟語は英語圏でも使われていないぞ」という知識までも仕入れている修行僧です。

達人レベルは、好き、嫌いを超えたところで勝負しているのです。

そこに「味気があるか」と言われたら、「ない」です。

（1）楽しんで勉強をして、試験に落ちる人生

（2）修行僧のように勉強をして、試験に合格する人生

この2つならば、（2）のほうがいいに決まっています。

もちろん、嫌だ嫌だと言って勉強をして、試験に落ちる人生よりは、楽しんで勉強をして試験に落ちる人生のほうがいいかもしれません。

ですが、試験は合格してナンボです。

合格するためには、最短の時間で最大のパフォーマンスを出すことが大切です。

味気なかったとしても、最速で暗記ができるようになった人が、合格できる人なのです。

暗記術 その50

やってはいけない！

模擬試験の成績を気にする

これで天才に！

試験本番の成績を気にする

「模擬試験で合格確率が20％以下だった」と落ち込む人がいます。意味がありません。無駄な時間です。

模試はあくまで「その時点で試験がおこなわれたら」という指標に過ぎません。落ち込むのは、試験に落ちたときだけで大丈夫です。

本番でダメだったら落ち込めばいいわけで、そこまではすべて通過点でしかないのです。

私自身、全国模試では1位でしたが、本番の試験では落ちました。

現役時代の夏の慶応模試では全国1位なのに、本番の試験では補欠合格さえしなかったのです。

本番の試験に落ちたときに、私とは対照的だったJくんに、合格の秘訣を聞きました。

彼は、模試の成績が合格確率20％以下だったにもかかわらず、慶應大学の法学部、経済学部、商学部、環境情報学部、早稲田大学の法学部、政治経済学部、商学部のすべてに合格したのです。

家から10メートルしか離れていない所に住んでいたJくんと石井貴士には、まったく逆の結果が生まれたのです。

「自分のほうが模試の成績は上だった」というプライドに意味はありません。

結果として彼のほうが私よりも上だったわけですから、彼に頭を下げて、どうしたら合格できるのかを聞きました。

すると、目からウロコの方法論を伝授してくれたのです。

暗記術 その51

やってはいけない!

その場で重要だと思ったことをノートにとる

これで天才に!

「見返すノート」をつくる

Jくんから「石井は『見返すノート』をつくっていたの?」と開口一番、言われました。

「『見返すノート』だって?」

さっぱり意味がわかりませんでした。

その場で重要だと思ったことを、ノートにとるのが当たり前だと思っていたからです。

ノートはノートであって、「見返すノート」という概念はなかったのです。

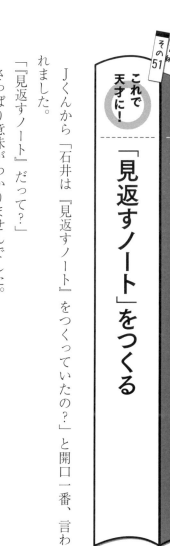

彼に、

「試験本番1か月前までの時間は、見返すノートをつくるためだけに存在するんだ。試験本番1か月前までに、これを見返せば合格するというノートをつくっておいて、試験本番1か月前からは、そのノートを見返すことだけに専念すればいい。模擬試験の結果なんて、関係ないんだ」

と言われました。

衝撃を受けました。

模擬試験で高得点を取るために勉強していた私と、試験本番から逆算して、どうやって暗記をすべきかを考えていた彼が、そこにいたのです。

試験本番で受かることこそ最重要で、それ以外のことは、すべてどうでもいいことだったのです。

私はどうでもいいことのためにがんばっていて、試験直前にも新しい問題を解いたりして、さらに成績を上げようとしていました。

大切なのは、試験本番に学力のピークを持っていくことだったのです。

合格のための2ステップ

❶ 受験の1か月前まで

❷ 受験まで1か月を切ったら

暗記術 その52

やってはいけない！

全教科の成績を、同時に上げようとする

これで天才に！

入試本番から逆算して、成績を順番に上げていく

試験科目には、忘れにくい科目と忘れやすい科目があります。

数学は論理性が強いため、忘れにくい科目です。

「1＋1＝2」というのは、小学1年生のときに覚えて、高校3年生になっても忘れません。

小論文も、一度書き方がわかれば忘れません。

国語は、現代文に関しては、一度解き方が身につけば忘れませんが、古文に関

しては、暗記ものなので忘れやすいです。

漢文は、漢詩は韻《いん》を踏むというルールがあったりしますが、覚えることは少ないので、古文よりは論理性があります。

国語を勉強する際には、「小論文→現代文→漢文→古文」の順番に取り掛かるのが、効率がいいです。

高校1年で小論文と現代文は高得点が取れるようにしておいて、高校2年で漢文と古文を勉強していくというのが効率的な流れです。

数学に関しても、高校1年から始めて高校2年のときには、すべての単元をマスターしているくらいになっておいたほうが有利です。

日本史・世界史・地理といった歴史物を高校1年のときに覚えても、入試本番のときには忘れてしまうだけです。

高1、高2のときには歴史漫画を使って、日本史アレルギー、世界史アレルギ

ーをなくすことに専念をして、高校3年から本格的に暗記をしていったほうが、入試本番では得点がとりやすいです。

英語も、高校3年の夏までには偏差値70に上げておいたほうが、秋以降に日本史・世界史に時間を費やせます。

入試本番から逆算して、各教科の成績を上げていくのが、受験戦略なのです。

暗記術 その53

やってはいけない!
入試1か月前に、新しいことを覚えようとする

これで天才に!
入試1か月前に、4色のクリアファイルを見直す

「どうしよう。入試まで1か月しかないのに、知らないことが多すぎる」

入試直前は、とても焦《あせ》ります。

英単語帳が一番売れるのは、12月です。3~4月に一番売れそうなものなのですが、入試直前に焦って買う人が多いというわけです。

入試1か月前は、手をつけたことがないものに関してはスッパリあきらめて、過去に作成したノートを見返しましょう。

入試1か月前にすべきことは、4色のクリアファイルを見返すことです。

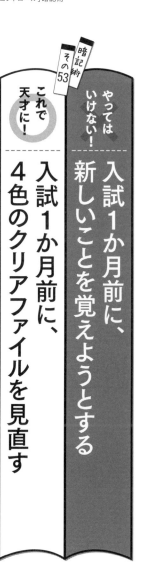

まず、赤のクリアファイルを見返します。

見てゼロ秒でわかるものばかりなのですから、最速で復習ができます。

もし、見てゼロ秒でわからなくなっているものがあれば、緑のクリアファイルに格下げをしていきます。

次におこなうのは、緑のクリアファイルです。

見て3秒でわかるものを、見てゼロ秒でわかるものへと昇格していくのです。

さらには、黄色のものを緑に昇格させていきます。

残り1か月だと、この作業までで手一杯だとは思います。

そんななか、時間があったら青のクリアファイルにも取り掛かります。

青のクリアファイルがゼロになり、黄色のクリアファイルがゼロになったら、あなたがすべきことは、ほぼなくなったことになります。

試験前日に緑のクリアファイルを繰り返し眺めれば、あなたは試験本番では、ベストの状態で戦えるのです。

試験1か月前におこなう2ステップ

やってはいけない！

いままでの常識にしがみつく

これで天才に！

新しい方法にチャレンジする

「いままで書いて覚えてきた。目で見て覚えるなんて、できっこない」と、新しいことに対して抵抗がある方もいるでしょう。

ですが、凡人としての常識にしがみついていたら、凡人と同じ結果しか現れません。天才の常識を取り入れて、天才と同じことをしたら、天才と同じ結果が手に入ります。

「**同じことを繰り返しながら違う結果を望むこと、それを狂気という**」（アルバート・アインシュタイン）という言葉があります。

大切なのは、いまとは違うことをすることです。

『やってはいけない暗記術』では、いままであなたがしていたのとは違う暗記の方法をたくさんご紹介しました。

ぜひ、新しいことにチャレンジをして、新しい自分を手に入れていただけたらと願っています。


【追伸】

カラーマジックシートは、こちらから無料でダウンロード可能です。

是非とも、暗記にお役立てください。http://www.1study.jp

石井貴士

石井貴士の主な著作一覧

KADOKAWA

『本当に頭がよくなる1分間勉強法』
『本当に頭がよくなる1分間勉強法』文庫版
『[カラー版]本当に頭がよくなる1分間勉強法』
『[図解]本当に頭がよくなる1分間勉強法』
『本当に頭がよくなる1分間英語勉強法』
『1分間英単語1600』
『CD付1分間英単語1600』
『1分間英熟語1400』
『CD2枚付　1分間TOEIC®テスト英単語』
『CD付1分間東大英単語1200』
『CD付1分間早稲田英単語1200』
『CD付1分間慶應英単語1200』
『CD付1分間英会話360』
『成功する人がもっている7つの力』
『あなたの能力をもっと引き出す1分間集中法』
『文才がある人に生まれ変わる1分間文章術』

講談社

『キンドル・アンリミテッドの衝撃』

秀和システム

『アナカツっ!〜女子アナ就職カツドウ〜』
『1分間情報収集法』
『いつでもどこでも「すぐやる人」になれる1分間やる気回復術』
『会社をやめると、道はひらく』
『定時に帰って最高の結果を出す1分間仕事術』

『あなたも「人気講師」になれる！ 1分間セミナー講師デビュー法』
『女子アナに内定する技術』
『彼氏ができる人の話し方の秘密』

水王舎
『1分間英文法600』
『1分間高校受験英単語1200』
『1分間日本史1200』
『1分間世界史1200』
『1分間古文単語240』
『1分間古典文法180』
『1分間数学Ⅰ・A180』
『新課程対応版　1分間数学Ⅰ・A180』

フォレスト出版
『1分間速読法』
『人は誰でも候補者になれる！～政党から公認をもらって国会議員に立候補する方法』
『あなたの時間はもっと増える！ 1分間時間術』

SBクリエイティブ
『本当に頭がよくなる1分間記憶法』
『本当に頭がよくなる1分間ノート術』
『一瞬で人生が変わる！ 1分間決断法』
『本当に頭がよくなる1分間読書法』
『どんな相手でも会話に困らない1分間雑談法』
『本当に頭がよくなる1分間アイデア法』
『図解 本当に頭がよくなる1分間記憶法』

学研プラス

『1分間で一生が変わる 賢人の言葉』

『幸せなプチリタイヤという生き方』

宝島社

『入社1年目の1分間復活法』

パブラボ

『お金持ちになる方法を学ぶ 1分間金言集60』

『石井貴士の1分間易入門』

『はじめての易タロット』

サンマーク出版

『勉強のススメ』

徳間書店

『30日で億万長者になる方法』

実業之日本社

『オキテ破りの就職活動』

『就職内定勉強法』

ゴマブックス

『何もしないで月50万円! 幸せにプチリタイヤする方法』

『マンガ版 何もしないで月50万円! 幸せにプチリタイヤする方法』

『何もしないで月50万円! なぜあの人はプチリタイヤできているのか?』

『図解 何もしないで月50万円! 幸せにプチリタイヤする方法』

『何もしないで月50万円！
幸せにプチリタイヤするための手帳術』

ヒカルランド
『あなたが幸せになれば、世界が幸せになる』

ヨシモトブックス
『本当に頭がよくなる1分間勉強法
高校受験編』
『本当に頭がよくなる1分間勉強法
大学受験編』
『勝てる場所を見つけ勝ち続ける
1分間ブランディング』

リンダパブリッシャーズ
『マンガでわかる1分間勉強法』

きずな出版
『イヤなことを1分間で忘れる技術』
『「人前が苦手」が1分間でなくなる技術』
『やってはいけない勉強法』
『図解 やってはいけない勉強法』
『やってはいけない英語勉強法』

すばる舎
『入社1年目から差がついていた！
仕事ができる人の「集中」する習慣とコツ』

青春出版社
『最小の努力で最大の結果が出る
1分間小論文』

著者プロフィール

石井貴士（いしい・たかし）

1973年愛知県名古屋市生まれ。私立海城高校卒。
代々木ゼミナール模試全国1位、Z会慶応大学模試全国1位を獲得し、慶應義塾大学経済学部に合格。1997年、信越放送アナウンス部入社。2003年、（株）ココロ・シンデレラを起業。日本メンタルヘルス協会で心理カウンセラー資格を取得。『本当に頭がよくなる 1分間勉強法』（KADOKAWA）は57万部を突破し、年間ベストセラー1位を獲得（2009年 ビジネス書 日販調べ）。現在、著作は合計で83冊。累計200万部を突破するベストセラー作家になっている。

「本当に頭がよくなる1分間勉強法 公式サイト」
https://www.1study.jp

「石井貴士 公式サイト」
https://www.kokorocinderella.com

やってはいけない暗記術

2019年7月1日　第1刷発行

著　者　　石井貴士

発行人　　櫻井秀勲
発行所　　きずな出版
東京都新宿区白銀町1-13　〒162-0816
電話03-3260-0391　振替00160-2-633551
http://www.kizuna-pub.jp/

印刷・製本　モリモト印刷

ISBN978-4-86663-078-6

きずな出版

石井貴士シリーズ好評既刊 ※表示価格は税別です

やってはいけない勉強法

「やってはいけない勉強法を知り、正しい勉強法に切り替えることで、最速で成績が上がる」……こう主張する著者のメソッドは、まさに目からウロコ。「やってはいけない勉強法」と「天才になる勉強法」を、全部で50収録！
勉強法の常識が変わる一冊！

本体価格 1400 円

図解 やってはいけない勉強法

凡人が天才に変わる 50 のテクニック

ベストセラー『やってはいけない勉強法』待望の図解化！ A4 サイズの大判、イラストと図がたっぷりで、「天才に変わる勉強法」がおもしろいほどよくわかる。学生はもちろん、資格取得を目指すビジネスパーソンや、学び直しをしたい方々まで、勉強法の常識が変わる一冊です。

本体価格 1000 円

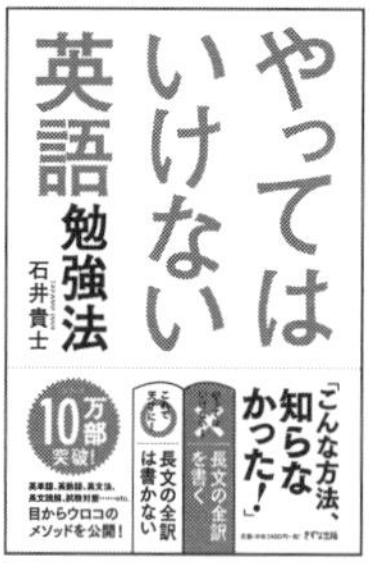

やってはいけない英語勉強法

大人気！『やってはいけない勉強法』の英語勉強法バージョンがついに登場！
「英語をどう勉強すればいいのかわからない……」とお悩みの方へ。
「天才になる 63 の英語勉強法」をお伝えします。

本体価格 1400 円

書籍の感想、著者へのメッセージは以下のアドレスにお寄せください

E-mail：39@kizuna-pub.jp

きずな出版
http://www.kizuna-pub.jp